100 TEMAS BÍBLICOS

UNA ORIENTACIÓN BÁSICA

CIEN TEMAS BÍBLICOS
Derechos reservados © 2003 Literature And Teaching Ministries www.latm.info

Segunda impresión 2020

Publicado en cooperación con
American Rehabilitation Ministries.

Texto bíblico: *Reina-Valera 1960* ® © Sociedades Bíblicas en América Latina, 1960. Renovado © Sociedades Bíblicas Unidas, 1988. Utilizado con permiso.

Reina-Valera 1960 ® es una marca registrada de las Sociedades Bíblicas Unidas y puede ser usada solo bajo licencia.

ISBN 978-1-930992-06-1

PREFACIO

La Biblia es la revelación de Dios a los hombres. El salmista, refiriéndose a ella, dijo: "La explicación de tus palabras ilumina, instruye a la gente sencilla". (Salmo 119:130 VP)

La Biblia es el único libro que responde a los grandes interrogantes del ser humano. Ella es fuente de sabiduría para todo aquel que quiere acercarse a Dios con corazón sincero. Es un cofre que guarda tesoros de incalculable valor para quienes lo hallan, y una fuente de agua de vida para todo sediento que quiere saciar su sed espiritual.

Sin embargo, para beneficiarse de sus riquezas, no basta con leerla. También es necesario examinarla, analizarla; es decir, estudiarla con una mente abierta y un corazón deseoso de cumplir la voluntad divina.

Este libro de estudios temáticos ha sido compilado con oración, y con el propósito de brindar a usted una herramienta de ayuda para su estudio bíblico. Puede usarlo tanto para estudio personal como para estudio en grupos.

1. EL ESTUDIO DE LA PALABRA DE DIOS

Introducción

"Lámpara es a mis pies tu palabra, y lumbrera a mi camino". (Salmo 119:105) En este mundo en que vivimos, tan oscuro en cuanto a lo espiritual, es de vital importancia el que tengamos luz en nuestro sendero para evitar los hoyos en que pudiéramos caer. La Palabra de Dios es aquella luz; por ello debemos siempre agradecer y alabar al Señor. Debemos también aprender a usarla con eficacia tanto en nuestra vida personal, como para alumbrar el camino de los que nos rodean.

2 Timoteo 2:15 *con diligencia . . . como obrero . . . que usa bien la palabra de verdad*
1 Pedro 3:15 *siempre preparados para presentar defensa*
Hebreos 4:12 *la palabra . . . es más cortante que espada*
Mateo 4:4 *no solo de pan vivirá el hombre*
1 Pedro 2:2 *como niños recién nacidos, la leche espiritual*
1 Timoteo 3:15-17 *toda Escritura es inspirada por Dios*
Hechos 17:11 *escudriñando cada día las Escrituras para ver si estas cosas eran así*
Job 23:12 *guardé las palabras de su boca más que comida*
Salmos 119:11-16 *en mi corazón he guardado tus dichos*
Proverbios 2:1-5 *la escudriñares como a tesoros, entonces entenderás el temor de Jehová*
Romanos 10:17 *la fe es por el oír, y el oír, por la palabra*

(Para textos adicionales véase el estudio 41).

Preguntas

1. ¿Qué es el pan espiritual?
2. ¿Cada cuánto tiempo debemos leer la Palabra de Dios?
3. ¿Quién es el autor de la Biblia?

4. ¿Cómo puede el hombre llegar a tener fe?
5. ¿Con qué arma de guerra se compara la Biblia?
6. ¿Es dable que un hermano que tiene tiempo en el Señor no sepa manejar bien su Biblia? (Véase Hebreos 5:12-14).

Resumen

Para el crecimiento físico, es necesario que la criatura tome fuerza de la madre; y para llegar a la madurez, debe aprender a digerir alimento sólido de calidad y en abundancia. Del mismo modo nuestro espíritu necesita alimentarse diariamente de la leche y la carne espiritual de las Sagradas Escrituras.

2. LA CREACIÓN Y EL DEBER DEL HOMBRE

Introducción

"En el principio creó Dios los cielos y la tierra". Así dice el primer versículo del primer capítulo del primer libro de la Biblia - Génesis 1:1. En el verso 27 del mismo capítulo leemos "y creó Dios al hombre a su imagen, a imagen de Dios lo creó; varón y hembra los creó". Además, leemos que Él le dio al hombre dominio sobre los peces del mar, las aves y los animales. Si, pues, el hombre fue creado por Dios, su responsabilidad es clara: debe vivir en armonía con el plan que Dios tiene para él. Ciertamente, el hombre sin Dios resulta incompleto - se convierte en una pieza mal ajustada, no sólo inútil sino también dañina, en la máquina de precisión que es su creación. Algunas preguntas, lógicas, por cierto, se asoman:¿puede uno conocer a este Dios? ¿Hay alguna esperanza?

¿Cuál es el deber del hombre para con su Creador? En este estudio, y en los que han de seguir, encontraremos la respuesta a este desesperado grito de nuestras almas.

Génesis 1:1-31 *en el principio creó Dios los cielos*
Colosenses 1:15-20 *en él fueron creadas todas las cosas*
Apocalipsis 4:11 *porque tú creaste todas las cosas*

Salmos 8:3-8 *le hiciste señorear sobre las obras de tus manos*
Isaías 43:7 *todos los llamados de mi nombre; para gloria mía los he creado, los formé y los hice*
Salmos 100:3 *reconoced que Jehová es Dios: Él nos hizo*
Hechos 17:24-28 *para que busquen a Dios*
Deuteronomio 10:12, 13 *¿qué pide Jehová tu Dios de ti?*
Mateo 22:34-40 *amarás al Señor tu Dios con todo tu corazón*
Deuteronomio 30:11 *este mandamiento que yo te ordeno hoy no es demasiado difícil para ti*
Eclesiastés 12:13 *el fin de todo . . . es este: teme a Dios*

Preguntas
1. ¿En cuántos días creó Dios el mundo?
2. ¿En qué día creó Dios al hombre?
3. ¿A qué parte de su creación le dio Dios dominio sobre lo demás?
4. ¿Cuál es el deber del hombre para con Dios, según Mateo 22:37?
5. ¿Por qué creó Dios al hombre?

Resumen
Dios anhelaba hijos en quienes pudiera derramar su gran amor. Esperaba que su creación – el hombre – supiera responder voluntaria e inteligentemente a esa expresión de su corazón.

3. LA REBELIÓN DEL HOMBRE

Introducción
El deber privilegiado de los hombres, creados por Dios, fue primeramente el de ser recipientes agradecidos de su gran amor; y segundo, como seres con voluntad propia, retornar esta devoción afectuosa al gran Autor del amor. Sin embargo, el hombre ha escogido desplazar a Dios y establecerse a sí mismo como centro de su adoración y devoción. La ambición personal de hacerse así mismo un nombre, ha venido a ser su

primera consideración. Él se ha convertido en idólatra de sí mismo.

Génesis 6:5, 6 *los pensamientos del corazón de ellos eran de continuo solamente el mal*
Eclesiastés 7:29 *Dios hizo al hombre recto, pero ellos buscaron muchas perversiones*
Jeremías 3:20 *como la esposa infiel... así prevaricasteis contra mí*
Isaías 1:2-6 *¿todavía os rebelaréis?*
Malaquías 1:6a *¿dónde está mi honra?... ¿dónde está mi temor?*
Juan 3:19 *los hombres amaron más las tinieblas que la luz*
Romanos 1:21 *habiendo conocido a Dios, no le glorificaron*
3:10-18 *todos se desviaron... no hay temor de Dios*
Isaías 53:6 *todos nosotros nos descarriamos... cada cual se apartó por su camino*
Marcos 7:6, 7 *de labios me honra, mas su corazón está lejos de mí*

(Para textos adicionales véanse los estudios 42 y 43).

Preguntas

1. ¿Por qué el hombre pecador ama más las tinieblas que la luz?
2. ¿Hizo Dios al hombre recto?
3. ¿Por qué se arrepintió Dios de haber hecho al hombre?
4. ¿Cómo se manifiesta la rebelión del hombre?

Resumen

En realidad, es un comentario triste el que se hace del hombre, por su gran fracaso, aun cuando en la persona de Dios hay mucho que nos persuade a amarle, adorarle y servirle.

4. EL PECADO Y SUS CONSECUENCIAS

Introducción
   Hemos visto en el estudio anterior que el hombre se ha rebelado contra su Hacedor. En este estudio veremos cómo se manifiesta esta rebelión. A la vez, veremos que el pecado siempre ha separado al hombre de su Dios, pues Él es un Dios Santo que no puede, en ninguna circunstancia, permitir que haya pecado en su presencia. Para hallar, entonces, la manera de ser reconciliado con Dios, el hombre debe primeramente reconocer su rebelión, admitiendo con humildad haber pecado. Hacerlo, sin embargo, requiere saber qué **es** el pecado. Estos textos nos ayudarán a ese fin.

   1 Juan 5:17 *toda injusticia es pecado*
      3:4 el pecado es *infracción* de la ley
   Santiago 4:17 *al que sabe hacer lo bueno, y no lo hace, le es pecado*
   Isaías 59:2 *vuestras iniquidades han hecho división entre vosotros y vuestro Dios*
   1 Juan 3:8 *el que practica el pecado es del diablo*
   Gálatas 5:19-21 *manifiestas son las obras de la carne*
   1 Corintios 6:9, 10 *los injustos no heredarán el reino de Dios*
   Romanos 6:23 *la paga del pecado es muerte*
      1:18-21 *las cosas invisibles de él . . . se hacen claramente visibles . . . de modo que no tienen excusa*
   Ezequiel 18:20 *el alma que pecare, esa morirá*
   Hebreos 3:13 *exhortaos los unos a los otros . . . para que ninguno de vosotros se endurezca por el engaño del pecado*
   Romanos 6:11-13 *no reine . . . el pecado en vuestro cuerpo*

(Para textos adicionales véanse los estudios 44 a 51).

Preguntas
   1. ¿Todo pecado separa al hombre de Dios?

2. ¿Es un pecado peor que otro? ¿Hay pecados mortales y veniales?
3. ¿Somos culpables hoy a causa del pecado de Adán?
4. ¿Son responsables de sus pecados aquellos que no han leído la Biblia?
5. ¿Cuáles son algunos de los pecados comunes en nuestra sociedad?

Resumen

Hemos visto como Dios odia al pecado. (Odiémoslo también nosotros). Rehusemos con firmeza el pecar en palabra, pensamiento, o acción. Aprendamos más bien a caminar en santidad en todos los aspectos de nuestra vida.

5. LA DIVINA SÚPLICA DE DIOS PARA CON EL HOMBRE

Introducción

Cuan infinitamente misericordioso y bondadoso es un Dios quien, a pesar del pésimo trato recibido del hombre, persiste en buscar la forma de restaurar y salvar la terrible situación. A pesar de la rebelión del hombre, Dios es "paciente para con nosotros, no queriendo que ninguno perezca, sino que todos procedan al arrepentimiento". De ahí que continúa ofreciendo con ternura "he aquí, yo estoy a la puerta y llamo; si alguno oye mi voz y abre la puerta, entraré a él . . . ". (Apocalipsis 3:20)

Deuteronomio 30:*11,* **14 y 19** *escoge . . . la vida, para que vivas*
Isaías 1:18-20 *si quisiereis y oyereis, comeréis el bien de la tierra*
  55:1-7 *a todos los sedientos, venid a las aguas*
Mateo 11:28-30 *venid a mí todos los que estáis trabajados*
Ezequiel 33:11 *no quiero la muerte del impío . . . volveos . . . ¿por qué moriréis?*
Isaías 48:18 *¡oh, si hubieras atendido a mis mandamientos!*

1 Corintios 5:20 *como si Dios rogase por medio de nosotros . . . reconciliaos con Dios*

El decreto se había escrito— "el alma que pecare, esa morirá". Empero, Dios dice no complacerse de la muerte de los impíos, por lo cual encontró una vía por la que pudiera establecer la comunión entre sí y el hombre. Esa vía fue que Jesús, siendo Dios, descendiera al mundo para derramar su sangre en una cruz; y por aquel sacrificio inspirado por el amor, nos hiciera "aptos para participar de la herencia de los santos en luz; (Dios) nos ha librado de la potestad de las tinieblas, y trasladado al reino de su amado Hijo, en quien tenemos redención por su sangre, el perdón de pecados". (Colosenses 1:12-14) Estos textos nos pueden dar mejor comprensión de tan grande expiación.

Colosenses 2:13, 14 *anulando el acta de los decretos que había contra nosotros*
Isaías 53:3-6 *él herido fue por nuestras rebeliones*
Juan 3:16 *de tal manera amó Dios al mundo, que ha dado a su Hijo*
Romanos 5:6-8 *siendo aún pecadores, Cristo murió por nosotros*
　　3:24 *justificados gratuitamente por su gracia, mediante la redención que es en Cristo Jesús*
1 Timoteo 2:3-6 *el cual se dio a sí mismo en rescate por todos*
1 Pedro 1:18, 19 *fuisteis rescatados . . . con la sangre preciosa de Cristo*

(Para textos adicionales véanse los estudios 94, 99 y 100).

Preguntas
1. ¿Llama Dios a todos los hombres, o a ciertos escogidos solamente?
2. ¿Pueden ser salvos todos los hombres?
3. ¿Le debe Dios a la humanidad la salvación?

4. ¿Qué característica de Dios le impulsa a procurar la salvación del hombre?
5. ¿Cómo podía Dios anular el decreto de muerte que pendía sobre los pecadores?
6. ¿Murió Cristo en la cruz por usted?

Resumen

Probablemente nunca comprendamos lo profundo del amor de Dios por nosotros; por qué Él continúa amándonos y deseando nuestra restauración después de haberle ultrajado tanto nosotros. Sin embargo ¡es una realidad! ¡Dios es amor! Él desea nuestra salvación y está pronto a perdonarnos; pero ¿tenemos nosotros "oídos para oír" y corazones tiernos para responder a su incomparable invitación?

6. EL NUEVO NACIMIENTO

Introducción

En Hechos 17:30 leemos que "Dios, habiendo pasado por alto los tiempos de esta ignorancia, ahora manda a todos los hombres en todo lugar, que se arrepientan". Habiéndose rebelado contra Dios, al hombre se le ordena cambiar completamente de actitud hacia su Creador, o sufrir las consecuencias de su pecado. Ese cambio ha de ser tan profundo y total, que Cristo eligió llamarlo un "nuevo nacimiento" cuando dijo en Juan 3:3 "de cierto, de cierto te digo, que el que no naciere de nuevo, no puede ver el reino de Dios". Este "nuevo nacimiento" - o salvación - tiene muchos aspectos que tomar en cuenta para hacer un cuadro completo. Consideremos, pues, bajo los siguientes subtítulos, estas facetas, enumerando las cosas que Dios requiere del hombre.

A. **Arrepentimiento – un Cambio de Actitud hacia Dios**

Hechos 17:30 *Dios . . . manda a todos . . . que se arrepientan*

26:20 *que se arrepintiesen y se convirtiesen a Dios, haciendo obras dignas de arrepentimiento*
   19:18 *venían, confesando y dando cuenta de sus hechos*
   Lucas 19:8, 9 *si en algo he defraudado . . . lo devuelvo*
   Mateo 6:14, 15 *si perdonáis a los hombres sus ofensas, os perdonará también a vosotros vuestro Padre*

B. **Fe – Creer en Cristo como la Única Esperanza**

   Juan 3:16 *todo aquel que en él cree, no se pierda*
   Romanos 10:9, 10 *si . . . creyeres en tu corazón . . . serás salvo*
   Hechos 4:12 *no hay otro nombre . . . en que podamos ser salvos*
   Juan 14:6 *nadie viene al Padre, sino por mí*

C. **Establecer una Relación Personal con Cristo**

   Hechos 4:13 *reconocían que habían estado con Jesús*
   Apocalipsis 3:20 *si alguno oye mi voz . . . entraré a él*
   2 Corintios 5:17 *si alguno está en Cristo, nueva criatura es; las cosas viejas pasaron; he aquí todas son hechas nuevas*

D. **Bautismo – Unirse con Cristo**

   Romanos 6:3, 4 *¿no saben ustedes que al quedar unidos a Cristo por el bautismo . . . ? (VP)*
   Gálatas 3:26, 27 *todos sois hijos de Dios por la fe en Cristo Jesús; . . . los que habéis sido bautizados en Cristo, de Cristo estáis revestidos*

   (Para textos adicionales véase el estudio 7).

Preguntas
   1. ¿Quién necesita la salvación?
   2. ¿Por medio de quién hay salvación?

3. ¿Es cierto que existen "muchos caminos al cielo"?
4. ¿Qué significa "nacer de nuevo"?
5. ¿Cuáles son algunos de los frutos del arrepentimiento?
6. ¿Fue salvo Zaqueo antes o después de haber pagado sus deudas?

Resumen
    Nicodemo encontró difíciles de entender las palabras del Señor Jesús en el sentido de que era necesario nacer de nuevo. Vemos con claridad que Cristo se refería al renacimiento espiritual de una persona "muerta" en pecados. Además, en 2 Corintios 5:17 leemos que "si alguno está en Cristo, nueva criatura es; las cosas viejas pasaron; he aquí todas son hechas nuevas". ¡Gracias a Él por una salvación tan grande que puede cambiar por completo el perverso corazón del hombre!

7. EL BAUTISMO EN AGUA

Introducción
    Dios lo ordenó y no nos queda otra alternativa que el obedecer. El bautismo en agua no es optativo. Es el acto por el cual somos unidos con Cristo, y parte necesaria de la experiencia completa de salvación. Pedro dijo, por dirección del Espíritu Santo "arrepentíos y bautícese cada uno de vosotros en el nombre de Jesucristo para perdón de los pecados". Leyendo los siguientes versículos podremos ver algo de la importancia del bautismo en agua.

    Mateo 28:19, 20 *id y haced discípulos a todas las naciones, bautizándolos*
    Hechos 2:38 *arrepentíos y bautícese cada uno de vosotros*
        18:8 *creían y eran bautizados*
    Romanos 6:3-14 *sepultados juntamente con él para muerte por el bautismo*
    Colosenses 2:12-14 *sepultados con él en el bautismo*

Gálatas 2:20 *con Cristo estoy juntamente crucificado*
Hechos 16:30-33 *en aquella misma hora de la noche . . . se bautizó*
   8:34-39 *¿qué impide que yo sea bautizado? Felipe dijo: si crees de todo corazón, bien puedes*
1 Pedro 3:20, 21 *El bautismo . . . ahora nos salva . . . por la resurrección de Jesucristo*

(Para textos adicionales véase el estudio 64).

Preguntas
1. ¿Puede una persona ser salva sin ser bautizada?
2. ¿Qué condición del corazón debe anteceder al bautismo?
3. ¿Hay algún fundamento escritural para hacer que una persona espere un tiempo señalado antes de ser bautizada?
4. ¿Debe ser sumergida en el agua la persona que se bautiza?
5. ¿Qué significado espiritual tiene el bautismo en agua?
6. Dados los requisitos para el bautismo, ¿se podría bautizar a un bebé?

Resumen
   Jesús nos pide tomar nuestra cruz y seguirle si queremos ser sus discípulos. El bautismo en agua nos une con el Señor Jesús. Él fue bautizado dándonos ejemplo a nosotros. Es la firma que sella nuestro pacto con Él; es nuestra promesa de amarle y servirle todos los días de nuestra vida. Además, el bautismo simboliza el entierro de la vida antigua y la resurrección a la vida nueva.

8. EL BAUTISMO Y LA PLENITUD DEL ESPÍRITU SANTO

Introducción
   Jesús dijo "os conviene que yo me vaya; porque si no me fuere, el Consolador no vendría a vosotros; mas si me fuere, os lo enviaré". (Juan 16:7) En el día de pentecostés, Jesús

cumplió esta promesa y el Espíritu Santo vino a morar en los discípulos. Este bautismo del Espíritu es para todos los creyentes en Cristo, como lo indican los siguientes textos.

Mateo 3:1 y 11 *él os bautizará en Espíritu Santo y fuego*
Juan 7:37-39 *esto dijo del Espíritu que habían de recibir los que creyesen en él*
Hechos 1:8 *recibiréis poder, cuando haya venido sobre vosotros el Espíritu Santo, y me seréis testigos*
　2:1-4 *llenó toda la casa . . . y fueron todos llenos del Espíritu Santo*
　2:38, 39 *y recibiréis el don del Espíritu Santo*
1 Corintios 12:13 *por un solo Espíritu fuimos todos bautizados*
Colosenses 2:8-10 *vosotros estáis completos en él*
Gálatas 4:6 *por cuanto sois hijos, Dios envió a vuestros corazones el Espíritu*
Hechos 5:32 *el Espíritu Santo, el cual ha dado Dios a los que le obedecen*
Romanos 8:9 y 16 *si alguno no tiene el Espíritu . . . no es de él*

Aunque hemos sido bautizados en su Espíritu, la triste realidad es que en repetidas ocasiones llegamos a ser "cisternas rotas que no retienen agua"; comenzamos a dar lugar a los afanes del mundo, y por este descuido tenemos la necesidad de ser llenos nuevamente de su precioso Espíritu. Si nuestras vidas han sido trans- formadas, debemos buscar el ser llenados **cada día** del Espíritu Santo y el andar siempre en este poder de lo alto.

Efesios 5:18 *antes bien sed llenos del Espíritu*
Hechos 4:31 *y todos fueron llenos del Espíritu Santo*
　6:3 *buscad . . . hermanos . . . llenos del Espíritu Santo*
Lucas 11:9-13 *pedid, y se os dará; buscad, y hallaréis*
Romanos 8:6 *el ocuparse del Espíritu es vida y paz*
1 Tesalonicenses 5:19 *no apaguéis al Espíritu*

Gálatas 5:16, 17 y 22-25 *andad en el Espíritu . . . mas el fruto del Espíritu es amor, gozo, paz, paciencia, benignidad*

(Para textos adicionales véase el estudio 96).

Preguntas
1. ¿Podemos ser salvos y no tener en nosotros el Espíritu Santo?
2. ¿Cómo podemos saber que tenemos al Espíritu Santo en nosotros?
3. ¿ Todos hablan en lenguas al recibir el Espíritu Santo?
4. ¿Estamos siempre "llenos del Espíritu"? Si no,
5. ¿por qué?
6. ¿Cuáles son las condiciones para ser "llenos del Espíritu"?
7. ¿Qué es el fruto del Espíritu Santo?

Resumen

Sin el bautismo y la llenura del Espíritu Santo, no podemos trabajar por el Señor. Por tanto, es esencial que andemos diariamente con Él en relación tan íntima que seamos llenos, poseídos y controlados por el Espíritu Santo. Tomemos en cuenta, entonces, dos condiciones para esta continua presencia del Espíritu Santo. Primero: el Espíritu mora en "los que le obedecen" (Hechos 5:32) y, en segundo lugar: en "los que se lo pidan". (Lucas 11:13) Entonces tenemos una fórmula simple: obedecer y luego pedir.

9. LOS DONES DEL ESPÍRITU SANTO

Introducción

Dios da a cada creyente uno o más de sus dones espirituales. Estos dones deben ser usados y manifestados en la iglesia, su cuerpo, para la edificación de este. No todos han de recibir el mismo don, sino cada individuo, según la voluntad de Dios, el don que mejor convenga. Debemos estar atentos a la dirección del Espíritu y ser fieles en el uso del don o dones que Él nos ha dado.

1 Timoteo 1:6, 7 *que avives el fuego del don de Dios*
1 Corintios 12:1-13 *a cada uno le es dada la manifestación del Espíritu*
    12:27-31 *a unos puso Dios en la iglesia . . . apóstoles . . . profetas . . . maestros . . .*
Efesios 4:11-14 *a fin de perfeccionar a los santos para la obra*
1 Corintios 14:12 y 26 *anheláis dones espirituales*
Romanos 12:4-8 *teniendo diferentes dones, según la gracia*
    12:31a 13:2 *muestro un camino aún más excelente*

Preguntas
1. Nombre algunos de los dones del Espíritu que Dios ha dado a su iglesia.
2. ¿Cómo se reparten los dones espirituales?
3. ¿Debemos buscar los dones espirituales?
4. ¿Con qué fin ha dado Dio los dones a su iglesia?
5. ¿Hay algunos dones más deseables que los demás?
6. ¿Cuál es el "camino aún más excelente"?

Resumen
    Hemos visto que es Dios quien reparte los dones espirituales según su voluntad. Cuando recibamos y gocemos de dichos dones, no olvidemos al **DADOR**; no sea que, emocionados por la grandeza del regalo, se nos olvide el agradecerle. Ahora, nuestra responsabilidad es andar en ellos para la edificación de su cuerpo, la iglesia. Y así repetimos, "sed llenos del Espíritu" y "procurad, pues, los dones mejores".

10. LA CENA DEL SEÑOR

Introducción
    Al partir el pan con sus discípulos aquella noche antes de ser entregado, el Señor Jesucristo dijo "haced esto en

memoria de mí". (Lucas 22:19) Es un mandamiento para nosotros. El ser humano tiene la tendencia de ser ingrato y de olvidar el gran sufrimiento que hemos causado a nuestro Salvador. Por esta razón, Jesús instituyó este memorial para que tengamos siempre delante de nosotros el sacrificio de Cristo.

> **Mateo 26:26-29** *bebed de ella todos*
> **Lucas 22:7-20** *institución de la cena*
> **1 Corintios 11:23-26** *haced esto en memoria de mí*
>   **10:16, 17** *comunión del cuerpo de Cristo*
> **Hebreos 9:24-28** *Cristo fue ofrecido una sola vez*
> **1 Corintios 11:27-34** *pruébese cada uno a sí mismo*
>   **10:21, 22** *no podéis beber la copa del Señor y . . . de los demonios*
> **Hechos 2:41, 42** *perseveraban . . . en el partimiento del pan*
>   **2:46, 47** *juntos con alegría y sencillez de corazón*
>   **20:7-12** *primer día . . . reunidos . . . para partir el pan*

Nota: Si desea algunos textos apropiados para la celebración de la cena del Señor, refiérase a los estudios 99 y 100.

Preguntas
1. ¿Cada cuánto tiempo debemos tomar la cena del Señor?
2. ¿Qué significa el tomar la cena indignamente?
3. ¿Es cierto que el pan verdaderamente se convierte en el cuerpo de Cristo?
4. ¿Qué era el motivo principal de la reunión de los discípulos el primer día de la semana?

Resumen
Alguien ha dicho que la observación frecuente de la Cena del Señor no nos deja olvidar, sino que invita al creyente a estar más cerca del pie de la cruz. Al tomar la cena deberíamos

recordar que estamos presentes no para glorificar la cena, sino para glorificar, adorar y agradecer a Cristo en vista de su gran sacrificio a nuestro favor.

11. LA VIDA DEL VERDADERO DISCÍPULO

Introducción
La Biblia no acepta como fe salvadora, fe que no conduzca a la obediencia. Jesús dijo "si alguno quiere venir en pos de mí, niéguese a sí mismo, tome su cruz y sígame". (Mateo 16:24) El discipulado no es optativo. A nosotros no nos toca escoger servirle o no servirle. Si en verdad conocemos a Cristo, de hecho, le serviremos.

Mateo 7:21, 23 *no todo el que me dice: Señor . . . entrará*
2 Timoteo 2:3, 4 *ninguno que milita se enreda en negocios*
Lucas 14:25-33 (lo que cuesta *seguir* a Cristo)
2 Corintios 5:14, 15 *ya no vivan para sí, sino para aquel que murió*
Mateo 10:37-39 *el que ama a padre o madre más que a mí, no es digno de mí*
Marcos 8:34-38 *¿qué aprovechará al hombre si ganare todo el mundo, y perdiere su alma?*
Filipenses 1:21 *para mí el vivir es Cristo*
Mateo 10:24, 25 *bástale al discípulo ser como su maestro*
1 Juan 2:6 *el que dice . . . debe andar como él anduvo*
    2:3 *en esto sabemos . . . si guardamos sus mandamientos*
Juan 13:35 *conocerán todos que sois mis discípulos, si tuviereis amor*
    8:31 *si . . . permaneciereis en mi palabra, seréis . . . mis discípulos*
1 Juan 3:16 *debemos poner nuestras vidas por los hermanos*

(Para textos adicionales véanse los estudios 73 y 80).

Preguntas
1. ¿Es salvo un "simpatizante" del Evangelio?
2. ¿Debe haber creyentes "activos" e "inactivos"?
3. ¿Cuáles son algunas señales de un verdadero discípulo?
4. A la persona que se interesa en el Evangelio, ¿debemos advertirle acerca de lo que cuesta seguir a Cristo?

Resumen

Jesús es nuestro gran Capitán y Él nos envía con órdenes de ir "por todo el mundo y predicar el evangelio". No es cuestión del gusto personal del soldado bajo órdenes, sino cuestión de la voluntad del Capitán. Nuestra comodidad o dolor, alegría o tristeza, no es de importancia. La obediencia al mandato supremo es prueba del verdadero soldado-discípulo. La orden es "id". El soldado en el frente de batalla recuerda los valores eternos en disputa: almas humanas que necesitan de salvación. Si, pues, Jesucristo es Dios y murió por nosotros, no hay sacrificio que no podamos hacer por Él.

12. LA FE Y LAS OBRAS

Introducción

En Efesios 2:8 leemos que "por gracia sois salvos por medio de la fe; y esto no de vosotros, pues es don de Dios; no por obras, para que nadie se gloríe". A primera vista este texto parece contradecir lo que dice Santiago 2:24: "vosotros veis, pues, que el hombre es justificado por las obras, y no solamente por la fe". Pero, si seguimos leyendo en Efesios encontraremos que somos "creados en Cristo Jesús **para** buenas obras".

Efesios 2:8-10 *por gracia sois salvos . . . para buenas obras*
Romanos 11:6 *y si por gracia, ya no es por obras*

Tito 3:3-8 *los que creen . . . procuren ocuparse en buenas obras*
Santiago 2:14-24 *no ves que la fe actuó juntamente con sus obras*
2 Timoteo 3:16, 17 *la Escritura es inspirada por Dios . . . a fin de que el hombre de Dios sea perfecto, enteramente preparado para toda buena obra*
1 Timoteo 6:18 *que sean ricos en buenas obras*
Juan 14:15 *si me amáis, guardad mis mandamientos*
1 Juan 5:3 *y sus mandamientos no son gravosos*
Filipenses 2:5 *haya . . . en vosotros este sentir que hubo también en Cristo Jesús*
Lucas 13:6-9 *¿para qué también inutiliza la tierra?*
6:46 *¿por qué me llamáis, Señor . . . y no hacéis lo que yo digo?*

(Para textos adicionales véanse los estudios 80, 81 y 82).

Preguntas

1. ¿Puede alguno salvar su alma haciendo buenas obras?
2. ¿Es posible separar creencia verdadera de buenas obras?
3. Puesto que el diablo cree en Dios, ¿será por eso salvo?
4. ¿Qué debe motivarnos a hacer las buenas obras?

Resumen

Fe y obras son tan inseparables como las dos caras de una moneda – si se divide la moneda, ambos lados carecen por completo de valor. Buenas obras en abundancia jamás salvarán a alguno, porque la salvación es por gracia divina. Sin embargo, una fe viva y verdadera tendrá que **producir** obras, las cuales serán prueba de la calidad y sinceridad de la fe de la persona.

13. LA SANTIDAD

Introducción

En Hebreos 12:14 se nos amonesta a seguir "la paz con todos, y la santidad, sin la cual nadie verá al Señor". En esta era de cristianismo superficial, este texto se lee poco y se obedece menos. Pero sí, el texto aclara sin lugar a duda lo que Dios quiere y espera de nosotros: santidad. Sin ella, ninguno entrará en su santa presencia. Leamos los siguientes versículos con solemnidad, y en seguida obedezcamos.

> **1 Pedro 1:14-16** *sed santos, porque yo soy santo*
> **Salmos 24:3, 4** *¿quién subirá al monte de Jehová? El limpio de manos y puro de corazón*
> **Romanos 6:22** *tenéis por vuestro fruto la santificación*
> **1 Corintios 7:1** *perfeccionando la santidad en el temor de Dios*
> **Efesios 4:22-24** *vestíos del nuevo hombre . . . en la santidad*
> **1 Tesalonicenses 3:13** *irreprensibles en santidad delante de Dios*
> **4:7** *nos ha llamado a la santificación*
> **5:27** *a todos los santos hermanos*
> **Colosenses 1:21, 22** *presentaros santos y sin mancha delante de él*
> **3:12** *como escogidos de Dios, santos y amados*
> **1 Pedro 3:10-14** *ser hallados por él, sin mancha e irreprensibles*

Preguntas

1. ¿Somos capaces de vivir santamente?
2. ¿Cómo podemos definir la santidad?
3. ¿Es el perfeccionamiento de la santidad algo continuo?
4. ¿Es necesario que pequemos en palabra o pensamiento todos los días, como dicen algunos?

5. ¿ Podemos vivir vidas no santas y considerarnos aún cristianos?

Resumen
La santidad es una actitud del corazón o de la voluntad. "El hombre mira lo que está delante de sus ojos, pero Jehová mira el corazón". (1 Samuel 16:7) La santidad es aquella pureza de corazón de que hablaba Cristo cuando dijo "bienaventurados los de limpio corazón, porque ellos verán a Dios". (Mateo 5:8)

14. LA SEPARACIÓN DE LAS MUNDANALIDADES

Introducción
"Ahora pues, ninguna condenación hay para los que están en Cristo Jesús, los que no andan conforme a la carne, sino conforme al Espíritu". (Romanos 8:1) Nuestra separación del mundo y sus placeres pasajeros es un mandato de Dios. Sin embargo, no es una cosa que se logra mediante leyes y preceptos. Esta separación del mundo empieza en el corazón del creyente. "Si pues, habéis resucitado con Cristo, buscad las cosas de arriba, donde está Cristo sentado a la diestra de Dios. Poned la mira en las cosas de arriba, no en las de la tierra". (Colosenses 3:1, 2)

> **Levítico 20:26** *os he apartado de los pueblos para que seáis míos*
> **Santiago 4:4-7** *la amistad del mundo es enemistad contra Dios*
> **2 Corintios 6:14-17** *no os unáis en yugo desigual con los incrédulos*
> **Proverbios 1:10 y 15** *hijo mío, no andes en camino con ellos*
> **1 Tesalonicenses 5:21, 22** *absteneos de toda especie de mal*
> **1 Corintios 15:33** *malas conversaciones corrompen*
> **Proverbios 22:24, 25** *no te entremetas con el iracundo . . . no sea que aprendas sus maneras*

1 Juan 2:15-17 *si alguno ama al mundo, el amor del Padre no está en él*
Juan 17:14-18 *no ruego que los quites del mundo, sino que los guardes del mal*

(Para textos adicionales véanse los estudios 53 y 54).

Preguntas
1. ¿Sería mejor si viviéramos en un lugar aislado donde los placeres del mundo no nos tienten?
2. ¿Debemos formular una serie de reglas para evitar la contaminación de la iglesia con el mundo?
3. ¿Cuáles serían ejemplos de "yugo desigual"? (Véase Colosenses 2:20-23).

Resumen
Es verdad que estamos en el mundo; vivimos y trabajamos entre sus habitantes. Pero el mundo no debe estar en nosotros, ni sus costumbres deben ser nuestras. Dios nos ha puesto dentro del mundo con un fin: para que seamos luces en la oscuridad. Así como la luz y las tinieblas son cosas opuestas, mantengamos una distinción bien clara y tajante entre nuestra vida y la de los perdidos.

15. EL SUFRIR PERSECUCIÓN POR CAUSA DE CRISTO

Introducción
La Biblia dice claramente que "los que quieren vivir piadosamente en Cristo Jesús padecerán persecución". (2 Timoteo 3:12) Esto parece ser una norma de la vida espiritual. Al vivir en este mundo malvado, es de esperar que los que no pertenecen a Cristo nos odien por el testimonio que damos de sus malas obras. Es importante que nosotros estemos dispuestos a sufrir estas cosas por su causa, y a hacerlo con gozo.

Juan 15:18-21 *el mundo os aborrecerá*
   16:33 *en el mundo tendréis aflicción*

Lucas 6:22, 23 *bienaventurados seréis cuando los hombres os aborrezcan... y os vituperen*
Hechos 14:22 *a través de muchas tribulaciones entremos en el reino de Dios*
    5:40, 41 *gozaos de haber sido... dignos de padecer afrenta por causa del Nombre*
Mateo 10:28 *no temáis a los que matan el cuerpo*
1 Corintios 4:7-11 *llevando en el cuerpo... la muerte de Jesús*
1 Pedro 2:21 *para esto fuisteis llamados*
    4:4 y 12-19 *gozaos por cuanto sois participantes de los padecimientos de Cristo*
2 Timoteo 2:11, 12 *si sufrimos, también reinaremos con él*
Apocalipsis 20:4 *almas de los decapitados por causa de Jesús*

(Para textos adicionales véase el estudio 72).

Preguntas
1. ¿Por qué llegan a sufrir todos los creyentes?
2. ¿Cómo debemos reaccionar cuando somos perseguidos?
3. ¿Qué promete el Señor a los que sufren?

Resumen
    Por naturaleza el hombre no quiere sufrir. Empero el vivir agradando a Dios requiere que se sufra. Los textos de arriba indican con suma claridad que no hay otro camino para el creyente verdadero. Nuestra oración tendrá que ser "Dios, concédenos valor para resistir las pruebas a nuestra fe".

16. LA ORACIÓN Y EL AYUNO

Introducción
    Quizá en esta vida nunca comprendamos por completo la importancia de la oración, o por qué sea tan necesaria. De lo que sí estamos seguros es de su importancia: "También les

refirió Jesús una parábola sobre la necesidad de orar siempre". Los cristianos debemos orar siempre. Más aún, es un privilegio el que tenemos de poder hablar y consultar con Dios. Seamos nosotros los intercesores que Dios está buscando:" Vio que no había nadie y se maravilló de que no hubiera intercesor". (Isaías 59:16, Biblia de Jerusalén)

> **Mateo 6:5-18** *Padre nuestro que estás en los cielos*
> **Lucas 11:9,10** *pedid, y se os dará; buscad, y hallaréis*
> **Marcos 14:38** *orad, para que no entréis en tentación*
> **1 Tesalonicenses 5:17** *orad sin cesar*
> **Filipenses 4:6** *sean conocidas vuestras peticiones delante de Dios*
> **Salmos 63:1-4** *de madrugada te buscaré*
> **Hechos 14:23** *habiendo orado con ayunos, los encomendaron al Señor*
> **Mateo 17:21** *este género (de demonios) no sale sino con oración y ayuno*
> **1 Timoteo 2:8** *quiero . . . que los hombres oren en todo lugar*
> **Santiago 5:16-18** *la oración eficaz del justo puede mucho*
> **Juan 16:23-27** *pedid, y recibiréis, para que vuestro gozo sea cumplido*
> **1 Juan 5:14, 15** *si pedimos . . . conforme a su voluntad, él nos oye*

(Para textos adicionales véanse los estudios 87 y 88).

Preguntas
1. ¿Cada cuánto tiempo deben orar los hombres?
2. ¿Qué es el ayuno?
3. ¿Debe alguien saberlo cuando estemos ayunando?
4. ¿Sería bueno insistir en que otros nos acompañen cuando ayunemos?
5. ¿Las oraciones deben de ser memorizadas para su más elocuente recitación?

6. ¿Cómo debemos usar el "Padre Nuestro"?
7. ¿Oraremos allá en la gloria?

Resumen

Los discípulos rogaron al Señor que les enseñe a orar. Que nosotros también aprendamos a orar; a alabar; a obtener respuestas de Él. Sobre todo, deleitémonos al estar en su presencia. Como el salmista, que tengan nuestras almas sed de Dios.

17. LA HONRADEZ Y EL CUMPLIMIENTO

Introducción

Jesús enseñó que "todo árbol que no da buen fruto es cortado y echado en el fuego. Así que, por sus frutos los conoceréis". (Mateo 7:19, 20) Si un hermano (así llamado) miente y engaña y no es de palabra, ¿el fruto de su vida no está demostrando la calidad de planta que es? Como ya hemos visto "sin la santidad nadie verá al Señor". Cuán importante es que obedezcamos en estas cosas que son tan obvias y claras. Es .lo mínimo que nos toca hacer.

Efesios 4:25 *desechando la mentira, hablad verdad*
Colosenses 3:9 *no mintáis los unos a los otros*
1 Tesalonicenses 4:11, 12 *os conduzcáis honradamente*
Filipenses 4:8 *todo lo que es verdadero, todo lo honesto*
Juan 8:44 *el diablo . . . es mentiroso, y padre de mentira*
Salmos 15:1-4 *el que habla verdad*
Apocalipsis 21:8 y 27 *no entrará . . . el que hace mentira*
   22:15 *estará fuera . . . aquel que ama y hace mentira*

(Para textos adicionales véanse los estudios 48 y 55).

Preguntas

1. Si nos comprometemos a estar en un lugar dado a cierta hora, sin intención de cumplir, ¿sería eso una mentira?

2. ¿Algunas mentiras son peores que otras?
3. ¿Algunas mentiras son justificadas, bajo ciertas circunstancias?
4. Cuando al niño le decimos "el diablo te carga", ¿es una mentira?
5. Alegar que estamos enfermos, cuando se nos ofrece un trago ¿es mentir?
6. Si Usted se compromete a un trabajo, y no lo hace, ¿vendría a ser una mentira?

Resumen
Todo lo que no es verdad, es mentira. Dios dice que "todos los mentirosos tendrán su parte en el lago que arde con fuego y azufre". (Apocalipsis 21:8) Cada hijo de Dios debe resolver en su corazón nunca hablar algo que no sea absolutamente cierto.

18. LA HUMILDAD Y MANSEDUMBRE

Introducción
En el Sermón del Monte, Jesús dijo:" bienaventurados los mansos, porque ellos recibirán la tierra por heredad". (Mateo 5:5) En Gálatas 5:23 la mansedumbre se considera como un fruto del Espíritu Santo obrando en nosotros. Al traer a otros al humilde Jesús, mansedumbre y humildad son virtudes indispensables para ganar el corazón del pecador.

1 Pedro 5:5-7 *Dios resiste a los soberbios, y da gracia a los humildes*
Proverbios 16:5 *abominación es a Jehová todo altivo de corazón*
1 Timoteo 6:11 *sigue la justicia, la piedad . . . la mansedumbre*
2 Timoteo 2:23-26 *que con mansedumbre corrija a los que se oponen*
1 Pedro 3:14-16 *presentar defensa con mansedumbre*
Tito 3:2 *mostrando toda mansedumbre para con todos*

Efesios 4:1-3 *soportándoos con paciencia los unos a los otros*
Lucas 18:9-14 *el publicano . . . no quería ni aun alzar los ojos al cielo*
Filipenses 2:3-5 *con humildad, estimando cada uno a los demás como superiores a él mismo*
Colosenses 4:5, 6 *vuestra palabra siempre con gracia, sazonada con sal*
Mateo 11:29 *aprended de mí, que soy manso y humilde*

(Para textos adicionales véanse los estudios 78 y 90).

Preguntas
1. ¿Qué promesa dio Jesús para los humildes?
2. ¿Qué dice Dios acerca de los orgullosos?
3. ¿Cómo se manifestará en nuestras vidas la mansedumbre?
4. ¿Ser humilde significa ser pobre?
5. ¿El hermano que es humilde hablará de su humildad?

Resumen
Nuevamente, usando las palabras del Señor Jesús "el que se enaltece será humillado, y el que se humilla será enaltecido". (Mateo 23:12) Dios no puede usar al hombre orgulloso, indispuesto a reconocer sus propias debilidades. La sabiduría de los hombres jamás servirá. Dios obra por la mansedumbre y la humildad.

19. EL SER FIEL HASTA LA MUERTE

Introducción
En el principio Dios hizo al hombre capaz de escoger como viviría: para sí o para su Creador. "A los cielos y a la tierra llamo por testigos hoy contra vosotros, que os he puesto delante la vida y la muerte, la bendición y la maldición; escoge, pues, la vida, para que vivas tú y tu descendencia". (Deuteronomio 30:19) Para los que hemos escogido "el camino de la vida", hay a través de la Biblia una amonestación:

"sé fiel hasta la muerte, y yo te daré la corona de la vida". (Apocalipsis 2:10)

Deuteronomio 8:2 *probarte, para saber lo que había en tu corazón*
1 Pedro 1:6-9 *sometida a prueba vuestra fe*
Mateo 24:13 *el que persevere hasta el fin... será salvo*
Colosenses 1:21-23 *si... permanecéis fundados y firmes*
1 Pedro 2:20-22 *el perro vuelve a su vómito*
Hebreos 2:1-3 *cómo escaparemos... si descuidamos*
3:12, 13 *mirad, hermanos... no... apartarse del Dios vivo*
6:4-6 *crucificando de nuevo... al Hijo de Dios*
10:26, 31 *si pecáremos voluntariamente... una horrenda expectación de juicio y de hervor de fuego*
Apocalipsis 3:5 *el que venciere será vestido de vestiduras blancas*
Hebreos 12:1 *corramos con paciencia la carrera que tenemos por delante*

(Para textos adicionales véanse los estudios 75 y 76).

A pesar de estas solemnes advertencias (y de nuestras propias debilidades) **podemos** ganar la victoria, pues Dios está con nosotros y ha prometido ayudar a los que aman y miran hacia Él. Podemos decir con el apóstol Pablo "estoy seguro de que (Dios) es poderoso para guardar mi depósito para aquel día". (2 Timoteo 1:12)

Judas 24 *poderoso para guardaros sin caída... sin mancha*
1 Timoteo 1:12 *doy gracias al que me fortaleció, a Cristo Jesús*
Hebreos 7:24, 25 *puede salvar perpetuamente a los que por él se acercan a Dios*
Juan 10:27-29 *nadie las arrebatará de mi mano*
Romanos 8:34-39 *¿quién nos separará del amor de Cristo?*

1 Corintios 10:13 *fiel es Dios, que no os dejará ser tentados más de lo que podéis resistir*
1 Juan 4:4 *mayor es el que está en vosotros*

Preguntas
1. ¿Qué le pasará a la persona que voluntariamente pisoteare el nombre del Hijo de Dios?
2. ¿Es salva la persona que voluntariamente practica el pecado? (Véase 1 Juan 3:8).
3. ¿Debe un fiel seguidor del Señor temer perder su salvación?
4. Hay una preciosa promesa en 1 Corintios 10:13. Todos debiéramos grabarla en nuestras mentes.

Resumen
Proverbios 13:15 nos dice que "el camino de los transgresores es duro" y ciertamente el que peca pierde la comunión con Dios. Por el contrario, el creyente fiel vive plenamente confiado en que está con Dios y siempre lo estará.

20. LA MUERTE DEL CREYENTE

Introducción
¿Dónde va nuestra alma después de la muerte? ¿Vamos a estar inmediatamente con Dios? El salmista dijo "estimada es a los ojos de Jehová la muerte de sus santos" (116:15) y el apóstol Pablo añade "más quisiéramos estar ausentes del cuerpo, y presentes al Señor". (2 Corintios 5:8) Los siguientes textos nos ayudarán a completar el cuadro.

Job 14:14 *si el hombre muriere, ¿volverá a vivir?*
Daniel 12:2, 3 *los que duermen en el polvo . . . serán despertados*
1 Tesalonicenses 4:13-18 *acerca de los que duermen*
Eclesiastés 12:7 *el polvo vuelva a la tierra, como era, y el espíritu vuelva a Dios que lo dio*
Lucas 23:43 *hoy estarás conmigo en el paraíso*
 16:22 *murió el mendigo, y fue llevado por los ángeles*

2 Corintios 5:1-8 *ausentes del cuerpo, y presentes al Señor*
Filipenses 1:21-23 *el morir es ganancia*
Apocalipsis 21:3, 4 *enjugará Dios toda lágrima de los ojos de ellos*
    21:23 la *ciudad no tiene necesidad de sol*
Romanos 8:18 *las aflicciones . . . no son comparables con la gloria*
1 Corintios 2:9 *cosas que ojo no vio . . . son las que Dios ha preparado para los que le aman*
    15:51, 52 *los muertos serán resucitados incorruptibles*

(Para textos adicionales véanse los estudios 69 y 70).

Preguntas

1. Si el hombre muriere, ¿volverá a vivir?
2. ¿Dónde pasará la eternidad el creyente verdadero?
3. ¿Qué pasa con nuestro cuerpo físico cuando morimos?
4. ¿Qué ocurrirá el día de la resurrección?

Resumen

Jesús dijo "sé fiel hasta la muerte, y yo te daré la corona de la vida". (Apocalipsis 2:10) Y así "será otorgada amplia y generosa entrada en el reino eterno de nuestro Señor y Salvador Jesucristo" (2 Pedro 1:11) a quienes anden cerca de Él y busquen agraciarle y glorificarle. ¡Qué gozoso ha de ser el día cuando el Señor mismo extienda su mano para "enjugar toda lágrima de nuestros ojos"!

21. LA MUERTE DEL INCRÉDULO

Introducción

Algunas personas dirán que no hay infierno; que más bien esta vida es el infierno, donde lo que se hace se paga. Otros dicen que después de muertos, hemos de ir a un lugar intermedio llamado "purgatorio", a ser lavados de nuestros pecados. La Biblia, empero, da diferente respuesta. En

Proverbios 11:7, 8 leemos que "cuando muere el hombre impío, perece su esperanza; y la expectación de los malos perecerá". Miremos ahora algunas referencias que hace la Biblia a este tema vital.

Job 38:17 *¿te han sido descubiertas las puertas de la muerte....?*
Hebreos 9:27 *está establecido para los hombres que mueren una sola vez, y después de esto el juicio*
Apocalipsis 21:8 *los cobardes... tendrán su parte en el... fuego*
1 Tesalonicenses 1:6-10 *sufrirán pena de eterna perdición, excluidos*
Lucas 16:19-26 *fue sepultado... y en el Hades alzó sus ojos*
Mateo 10:28 *temed... a aquel que puede destruir el alma*
2 Pedro 3:7 *guardados para el fuego en el día del juicio*
Marcos 9:43, 44 *al fuego que no puede ser apagado, donde el gusano... no muere*
Apocalipsis 14:10, 11 *y el humo de su tormento sube por los siglos de los siglos*
Judas 14, 15 *para hacer juicio contra todos*
Apocalipsis 21:27 *no entrará en ella ninguna cosa inmunda*

(Para textos adicionales véanse los estudios 65, 67 y 68).

Preguntas

1. ¿Qué texto bíblico podemos usar para comprobar que los malos serán castigados después de la muerte?
2. ¿Qué textos podemos usar para demostrar la inexistencia de un lugar llamado purgatorio?
3. ¿Se acaba todo en el infierno, o es un lugar de sufrimiento eterno?

Resumen
   Hay, pues, un cielo y un infierno que aguardan a la humanidad al final de esta vida. Hemos visto que el hombre es, después de todo, un ser inmortal cuya alma vivirá para siempre:" y el polvo vuelva a la tierra, como era, y el espíritu vuelva a Dios que lo dio". (Eclesiastés 12:7) Nuestra responsabilidad es la de advertir a todos los hombres "volveos, volveos de vuestros malos caminos: ¿por qué moriréis?"

22. LA IGLESIA

Introducción
   La iglesia de nuestro Señor Jesucristo es una. Todos los seguidores de Cristo verdaderamente renacidos son miembros de esta iglesia. La Biblia habla de la iglesia como un solo cuerpo. Además, habla de la iglesia como una casa espiritual y de los miembros como piedras vivas en esta casa.

1 Corintios 12:13 *fuimos todos bautizados en un cuerpo*
Efesios 1:22, 23 *a la iglesia, la cual es su cuerpo*
Colosenses 1:18 *él es la cabeza del cuerpo que es la iglesia*
1 Pedro 2:5 y 9 *piedras vivas . . . como casa espiritual*
1 Corintios 3:11 *nadie puede poner otro fundamento que el que está puesto, el cual es Jesucristo*

   La iglesia local es el conjunto de creyentes que viven en determinada vecindad, y consiste en los mismos creyentes y no en un edificio o capilla. Por esto, los creyentes reunidos son la iglesia, aunque estén en una casa, en un edificio especialmente construido para reuniones o en el campo, bajo la sombra de un árbol.

Mateo 18:20 *donde están dos o tres congregados en mi nombre, allí estoy yo en medio de ellos*
1 Corintios 11:18 *cuando os reunís* **como** *iglesia*

Hechos 16:5 *así que **las iglesias** eran confirmadas en la fe*

2 Corintios 8:1 *la gracia de Dios que se ha dado a **las iglesias***

1 Corintios 16:19 *saludan . . . a **la iglesia** que está en su casa*

Romanos 16:5 *saludad también a **la iglesia** de su casa*

Preguntas
1. ¿Quién es la cabeza de la iglesia?
2. ¿Es necesario construir un edificio donde se hagan las reuniones?
3. ¿Cómo llega uno a ser miembro de la iglesia?
4. ¿Cuántas iglesias distintas hay?

Resumen

"Cristo amó a la iglesia, y se entregó a sí mismo por ella, para santificarla, habiéndola purificado en el lavamiento del agua por la palabra, a fin de presentársela a sí mismo, una iglesia gloriosa, que no tuviese mancha ni arruga ni cosa semejante, sino que fuese santa y sin mancha". (Efesios 5:25-27) Si Cristo amó tanto a su iglesia, ¿no debemos nosotros también amarla y hacer todo lo posible para presentarla a Él sin mancha?

23. LA UNIDAD DEL ESPÍRITU

Introducción

En Efesios 4:5 leemos que hay "un Señor, una fe, un bautismo, un Dios y Padre de todos". Jesucristo mismo oró que "todos sean uno; como tú, oh, Padre, en mí, y yo en ti, que también ellos sean uno en nosotros; para que el mundo crea que tú me enviaste". (Juan 17:21) Vemos entonces la absoluta necesidad de que seamos unidos en Él. Los siguientes textos pondrán énfasis en esta verdad.

1 Corintios 1:10 *os ruego . . . que habléis todos una misma cosa*

Filipenses 2:1-3 *unánimes, sintiendo una misma cosa*
Gálatas 3:28 *ya no hay judío ni griego . . . sois uno en Cristo*
Efesios 4:1-6 *solícitos en guardar la unidad del Espíritu*
   4:11-13 hasta que todos lleguemos a la unidad de la fe
1 Pedro 4:7, 8 *tened entre vosotros ferviente amor*
Juan 17:22, 23 *para que sean uno, así como nosotros somos uno*
1 Corintios 3:3-6 *habiendo entre vosotros . . . disensiones, ¿no sois carnales?*
Proverbios 6:16-19 *aborrece Jehová . . . el que siembra discordia entre hermanos*
Tito 3:10, 11 *al hombre que cause divisiones . . . deséchalo*
Santiago 3:13-18 *donde hay celos . . . hay perturbación*
1 Pedro 3:8, 9 *finalmente, sed todos de un mismo sentir*

Preguntas

1. ¿Por qué quiso Jesús que seamos unidos?
2. ¿El hecho de que haya diferencias en opiniones en una congregación justifica el separarse?
3. ¿Las denominaciones han dividido a la iglesia?
4. ¿Cuál es el fundamento principal para la unidad entre hermanos?
5. ¿Qué otras cosas nos unen?

Resumen

Hay sólo un "cuerpo de Cristo", su iglesia. Toda división de tal cuerpo único es extrabíblica y dañina a la obra del Señor. El apóstol Pablo reprochó a los corintios en el capítulo 3:3, 4 diciendo, "pues habiendo entre vosotros celos, contiendas y disensiones, ¿no sois carnales, y andáis como hombres? Porque diciendo el uno: Yo ciertamente soy de Pablo; y el otro: Yo soy de Apolos, ¿no sois carnales?" Pidamos al Señor que nos ayude a evitar estas divisiones y a cultivar un verdadero espíritu de unidad.

24. LA COMUNIÓN DE LOS SANTOS

Introducción

Jesús dijo "un mandamiento nuevo os doy: que os améis unos a otros; como yo os he amado, que también os améis unos a otros. En esto conocerán todos que sois mis discípulos . . . " (Juan 13:34, 35) En la familia de Dios, cada miembro tiene la seria responsabilidad de amar y preocuparse por los demás. El cumplimento de esa responsabilidad se manifiesta mediante la comunión que hay en el cuerpo de creyentes. Estos son algunos textos que hablan de nuestra necesidad mutua.

Efesios 2:19 y 4:25 *así que . . . sois . . . miembros de la familia de Dios*
Hebreos 10:23-25 *considerémonos unos a otros . . . no dejando de reunirnos*
Malaquías 3:16 *los que temían a Jehová hablaron cada uno a su compañero*
Salmo 133:1 *cuán bueno es . . . habitar los hermanos juntos en armonía*
Eclesiastés 4:9-12 *mejores son dos que uno . . . se calentarán mutuamente*
Romanos 14:19 *sigamos lo que contribuye a . . . la mutua edificación*

Los hermanos se reúnen para los siguientes fines:

Hechos 20:7; 1 Corintios 11:23-25 *para participaren la cena del Señor*
1 Corintios 14:12 y 26 *para edificación*
Hechos 2:42; 4:31 *para oración*
1 Corintios 14:29-31; Hebreos 10:23-25 *para enseñarse y amonestarse*
14:26-33 y 39, 40 *para ejercer los dones espirituales*
Mateo 18:15-17; 1 Corintios 5:4-7 *para ejercer disciplina*

Colosenses 3:16; Efesios 5:19 *para cantar himnos y adorar al Señor*

Preguntas
1. ¿Quiénes pertenecen a la "familia de Dios"?
2. ¿Cuál es nuestra responsabilidad espiritual ante los miembros de esa familia?
3. Ya que todo hermano forma parte de la iglesia de Cristo, ¿es necesario que se identifique con una congregación local?
4. ¿Cada cuánto tiempo deben congregarse los hermanos de una iglesia local?
5. ¿Serán provechosas las reuniones espontáneas entre creyentes vecinos, aparte de los *cultos acostumbrados?*

Resumen

La reunión de la iglesia local debe ser para los creyentes y no para los inconversos. Claro está de que a veces entrarán estos últimos, pero siempre debemos tener presente que las reuniones son en primer lugar para la edificación de los creyentes. ¡Dios nos ayude a cada uno a sentir el peso de nuestra responsabilidad, y hacer nuestra contribución personal a la edificación de la iglesia!

25. LOS ANCIANOS (PASTORES) EN LA IGLESIA LOCAL

Introducción

Los ancianos en la iglesia local son los que están a cargo de ella. Toda autoridad es espiritual y los que son nombrados a dicha responsabilidad por el Espíritu Santo quedan en este puesto hasta la muerte, salvo que sean infieles al Señor o que tengan que mudarse a otra localidad. (Romanos 11:29)

Los ancianos deben ser escogidos de entre los miembros de la misma iglesia y no profesionales de afuera. Siempre se debe recordar que su responsabilidad está en la iglesia local donde han sido llamados y no tienen autoridad como ancianos en otras iglesias. Esto se debe a que el pastor conoce sus ovejas de una manera íntima. (Juan 10:14) Cada iglesia necesita sus propios ancianos. Además, cada iglesia debe tener varios ancianos y no sólo uno, siempre que esto sea posible.

Los nombres "anciano", "obispo" y "pastor" hablan del mismo puesto en la iglesia. Compare 1 Pedro 5:1-4 con Hechos 20:17 y 28.

1 Timoteo 3:1-7 *es necesario que el obispo sea irreprensible*
Tito 1:5-11 *(más requisitos)*
Efesios 4:11-14 *constituyó a unos apóstoles . . . pastores*
1 Pedro 5:1-4 *apacentad la grey de Dios . . . entre vosotros*
Hechos 20:28-30 *mirad por vosotros, y por el rebaño*
   14:22, 23 *constituyeron ancianos en cada iglesia*
Santiago 5:13-16 *llame a los ancianos de la iglesia, y oren*
1 Timoteo 5:17-20 *contra un anciano no admitas acusación*
Hebreos 13:7 y 17 *acordaos de vuestros pastores*
1 Tesalonicenses 5:12, 13 *que los tengáis en mucha estima y amor*

Preguntas
1. ¿Cuántos ancianos debe haber en una iglesia local?
2. ¿De dónde deben ser escogidos los pastores?
3. ¿Cuáles son algunas de las cualidades de un anciano?
4. ¿Hacia quién miran los ancianos para recibir autoridad y dirección?
5. ¿Quién pone a los ancianos en una iglesia? (Véase Hechos 20:28).
6. ¿Debe la iglesia local someterse a alguna autoridad de afuera?

Resumen

"A fin de perfeccionar a los santos" Dios ha dado a la iglesia diversos ministerios. Uno de estos es el de pastor (anciano); alguien que vigile por las ovejas. Esta es una solemne responsabilidad en la iglesia local, y para quienes son fieles en ejercerla, habrá una corona de gloria especial. (1 Pedro 5:4) ¡Qué Dios nos conceda hombres fieles que amen a sus ovejas!

26. LAS OFRENDAS EN LA IGLESIA

Introducción

La iglesia local es completa en sí misma. Como hemos visto anteriormente, la iglesia se gobierna por sí sola y de la misma manera debe mantenerse económicamente. Cada miembro debe ayudar a pagar los gastos de la iglesia. Los gastos incluirán la ayuda para los pobres y las viudas; el alquiler o construcción del local; y el enviar hermanos a nuevos lugares para el avance de la obra. Algunos de los textos que hablan de la responsabilidad económica de cada hermano son los siguientes:

1 Corintios 16:2 *cada primer día de la semana ponga aparte algo*
2 Corintios 8:1-5 *privilegio de participar en este servicio*
Malaquías 3:8-10 *¿ robará el hombre a Dios?*
2 Corintios 9:6, 7 *siembra escasamente . . . segará escasamente*
Mateo 6:1-4 *no sepa tu izquierda lo que hace tu derecha*
Lucas 21:1-4 *esta viuda pobre echó más que todos*
Hechos 20:33-35 *ni plata ni oro . . . de nadie he codiciado*
1 Corintios 9:6-18 *a los que anuncian el evangelio, que vivan del evangelio. Pero yo de nada . . . he aprovechado*
Gálatas 6:6-10 *el que es enseñado . . . haga partícipe de toda cosa buena al que lo instruye*
1 Timoteo 5:16 *si algún creyente tiene viudas . . . que las mantenga*

Mateo 6:19-21 *no hagáis tesoros en la tierra... sino haceos tesoros en el cielo*

Preguntas
1. ¿Estamos obligados a diezmar, o sea a dar el 10% de nuestras ganancias?
2. ¿Podríamos sustituir las normas de 2 Corintios 9:7 por el diezmo del Antiguo Testamento?
3. ¿Cuál debería ser la actitud hacia las finanzas de los que se dedican a la obra del Señor?
4. ¿Demuestra falta de amor hacia el Señor el no darle de nuestros bienes?

Resumen
Leemos en 1 Corintios 6:19, 20 que "no sois vuestros, porque habéis sido comprados por precio", la sangre del Señor Jesús. Ya que no somos nuestros, sino de Aquel que nos compró, tampoco nuestras posesiones nos pertenecen. No es, pues, asunto de 10% ni aun 20% sino más bien una entrega total de todo lo que tenemos para ser usado para honra y gloria del Señor.

27. LA DISCIPLINA EN LA IGLESIA

Introducción
Hay un dicho popular que reza así: "la manzana podrida corrompe a las demás". La Palabra de Dios expresa el mismo pensamiento de este modo: "Un poco de levadura leuda toda la masa". Por esta razón, es de vital importancia que el cuerpo local de creyentes, la iglesia de Cristo mantenga entre sus miembros estricta disciplina. He aquí algunos textos que hablan sobre este tema primordial.

Santiago 5:19, 20 *el que haga volver al pecador del error*
Gálatas 6:1 *vosotros que sois espirituales... restauradle*
Mateo 7:3-5 *saca primero la viga de tu propio ojo*
    5:22-24 *reconcíliate primero con tu hermano*
    18:15-17 *si tu hermano peca contra ti... repréndele*

1 Corintios 5:1-13 *limpiaos, pues, de la vieja levadura*
Romanos 16:17 *los que causan divisiones . . . apartéis de ellos*
Tito 3:10, 11 *después de una y otra amonestación*
2 Tesalonicenses 3:11-15 *no os juntéis con él, para que se avergüence*
1 Timoteo 1:19, 20 *entregué a Satanás para que aprendan*
2 Corintios 2:5-11 *le basta a tal persona esa reprensión*

(Para textos adicionales véase el estudio 84).

Preguntas
1. ¿Con qué espíritu debemos corregir a un hermano?
2. Cuando un hermano peca, ¿cuál debería ser nuestra primera acción? ¿la segunda?
3. Cuando un hermano no escucha la corrección de la iglesia, ¿qué debe hacerse?
4. Si un hermano ha sido separado de la comunión de los santos, ¿cómo se le debe tratar?
5. ¿Es la disciplina algo terminante, o podría haber posteriormente restauración?

Resumen

Cuando un llamado hermano vive en el pecado, esto redunda en vergüenza y reproche para la iglesia. Si esta situación no es corregida con rapidez, el testimonio del cuerpo local de creyentes puede ser destrozado. Seamos, entonces, cuidadosos de mantener sin mancha a la iglesia de Cristo; pues en nuestras comunidades hay almas que podrían perderse eternamente a causa del mal testimonio. Para ganarlas para Cristo, la iglesia debe mantenerse pura.

28. LAS MUJERES EN LA IGLESIA

Introducción

En Gálatas 3:28 leemos que "ya no hay judío ni griego; no hay esclavo ni libre; no hay varón ni mujer; porque todos vosotros sois uno en Cristo Jesús". No existe duda de que, en Cristo, todos tienen igual herencia en la gloria venidera: blanco o negro, rico o pobre, esclavo o libre - ¡y aún varón o mujer! ¿Cuál es el lugar, entonces, de la mujer en los ministerios de la iglesia? Por los textos a continuación es evidente que tienen efectivamente las hermanas un ministerio. Vemos pues aquí exactamente cuál es.

Mateo 27:55 *habían seguido a Jesús . . . sirviéndole*
Romanos 16:1, 2 *hermana Febe . . . es diaconisa de la iglesia*
Hechos 21:8, 9 *tenía cuatro hijas . . . que profetizaban*
1 Timoteo 2:9-15 *la mujer aprenda en silencio, con sujeción*
1 Corintios 11:2-16 *la mujer debe tener señal de autoridad sobre su cabeza*
1 Corintios 14:34, 35 *mujeres callen en las congregaciones*
Tito 2:3-5 *las ancianas . . . enseñen a las mujeres jóvenes*

Preguntas
1. ¿Debe la mujer predicar en las reuniones de la iglesia?
2. ¿Pueden las mujeres enseñar a otras mujeres?
3. ¿Debe la mujer cubrirse la cabeza en las reuniones de la iglesia? ¿Qué significa el hacerlo?
4. ¿Debe la mujer orar en la iglesia? ¿Profetizar?

Resumen
"En un cuerpo tenemos muchos miembros, pero no todos los miembros tienen la misma función, así nosotros, siendo muchos, somos un cuerpo en Cristo, y todos miembros los unos de los otros. De manera que, teniendo diferentes dones, según la gracia que nos es dada, si el de profecía, úsese conforme a la medida de la fe; o si de servicio, en servir; o el que enseña, en la enseñanza; el que exhorta, en la exhortación;

el que reparte, con liberalidad; el que preside, con solicitud; el que hace misericordia, con alegría". (Romanos 12:4-8)

29. EL IR A TODO EL MUNDO

Introducción

Jesús dijo de nosotros "yo os elegí a vosotros, y os he puesto para que vayáis y llevéis fruto". (Juan 15:16) Cuando nos salvó por su preciosa sangre, pudo habernos llevado directamente a la Gloria. Pero había una obra que hacer, una de valor eterno. Somos sus embajadores en un mundo perdido. Recordemos siempre con solemnidad esta gran comisión.

> **Hechos 1:8** *recibiréis poder . . . y me seréis testigos*
> **Mateo 28:19, 20** *id, y haced discípulos a todas las naciones* (Véase el estudio 11).
> **Juan 20:21** *como me envió el Padre, así también . . . os envió*
> **1 Corintios 5:18** *nos dio el ministerio de la reconciliación*
> **Romanos 10:13-15** *¿cómo creerán en aquel de quien no han oído?*
> **Hechos 4:12** *en ningún otro hay salvación*
> **2 Pedro 3:9** *no queriendo que ninguno perezca*
> **Marcos 13:10** *es necesario que el evangelio sea predicado*
> **1:35-38** *vamos a los lugares vecinos*
> **Romanos 15:20** *me esforcé a predicar el evangelio, no donde Cristo ya hubiese sido nombrado*
> **1:14-16** *en cuanto a mí, pronto estoy a anunciaros*
> **1 Corintios 9:16** *¡ay de mí, si no anunciare el evangelio!*
> **Mateo 9:35-38** *rogad . . . al Señor . . . que envíe obreros a su mies*

(Para textos adicionales véanse los estudios 86 y 87).

Preguntas
1. Si los paganos no oyen nunca el mensaje del evangelio, ¿se perderán?
2. ¿Todas las religiones conducen al mismo destino?
3. ¿Por qué Jesús no nos llevó al cielo en el momento en que fuimos salvos?
4. ¿Cuál fue la última orden que Jesús dio a sus discípulos? (Véase Hechos 1:8).
5. ¿Qué es "el ministerio de la reconciliación"?
6. ¿Qué preparación se necesita para predicar el evangelio?

Resumen

Muchas personas procuran obtener la salvación simplemente porque temen ir al infierno. Vienen a Cristo sólo por interés personal. Jesús dijo "¿por qué me llamáis, Señor, Señor, y no hacéis lo que yo digo?" (Lucas 6:46) El vino a esta tierra a dar su vida para que **todos** vengan al arrepentimiento (1 Pedro 3:9) y nos ha dicho que "andemos como él anduvo". (1 Juan 2:6) "En esto hemos conocido el amor, en que él puso su vida por nosotros; también nosotros debemos poner nuestras vidas por los hermanos". (1 Juan 3:16)

30. LA VENIDA DEL SEÑOR

Introducción

La "esperanza bienaventurada" del creyente es la seguridad de que Jesucristo viene otra vez. (Tito 2:13) El apóstol Pablo, al hablar del retorno del Señor en su Carta a los Tesalonicenses, terminó con las palabras "por tanto, alentaos los unos a los otros con estas palabras". Ciertamente, en este "valle de lágrimas" en que vivimos, la promesa de la segunda venida de Cristo es un consuelo y aliento para los que le esperan.

Hechos 1:9-11 *este Jesús . . . vendrá como le habéis visto ir*

Hebreos 9:28 *aparecerá por segunda vez . . . a los que le esperan*
Apocalipsis 1:7 *todo ojo le verá*
Lucas 12:35-40 *bienaventurados los que el Señor halle velando*
1 Corintios 15:51, 52 *seremos transformados . . . a la final trompeta*
1 Tesalonicenses 4:13-18 *traerá Dios . . . a los que durmieron en él*
Mateo 16:27 *vendrá en la gloria . . . y pagará a cada uno*
 25:31, 32 y **46** (juicio de las naciones)
2 Tesalonicenses 1:7, 8 *retribución a los que no conocieron a Dios*
1 Tesalonicenses 5:1-11 *vendrá sobre ellos destrucción repentina*

(Para textos adicionales véase el estudio 67).

Preguntas

1. ¿Cómo sabemos que Cristo vendrá otra vez?
2. ¿Qué hará el Señor en su venida?
3. ¿Qué instrumento de música sonará en su venida?
4. Cuando la trompeta suene, ¿quiénes serán los primeros en ir al encuentro del Señor?
5. ¿Quiénes les seguirán para encontrarse con Él?
6. ¿Estarán esperando su venida los incrédulos?
7. ¿Le veremos a Él cuando venga?

Resumen

Puesto que Cristo viene pronto, ¿qué deberíamos estar haciendo mientras aguardamos ese gran día? Debemos velar y orar (Mateo 24:42); debemos predicar fielmente la Palabra hasta el fin (Mateo 24:14); y debemos llevar vidas santas y sobrias en anticipación de su advenimiento. (Tito 2:11, 12 y 2 Pedro 3:14)

31. LAS SEÑALES QUE PRECEDERÁN A LA VENIDA DE CRISTO

Introducción

Dios ha dicho en su Palabra que, respecto a la segunda venida de Cristo a esta tierra, no tenemos por qué estar en tinieblas. (1 Tesalonicenses 5:4) ¡Gloria a Él por este consuelo y confianza! Pero, ahora depende de nosotros el averiguar estas cosas en la Biblia. ¿Cuáles son, entonces, las señales que precederán a su venida?

Mateo 24:5 *falsos cristos*
  24:6 *guerras y rumores de guerras*
  24:7 *hambre, y terremotos en diferentes lugares*
  24:9 *seréis aborrecidos . . . por causa de mi nombre*
  24:11 *muchos falsos profetas se levantarán*
  24:12 *el amor de muchos se enfriará*
  24:14 *será predicado este evangelio en todo el mundo*
  24:21 *habrá entonces gran tribulación*
  24:29 *el sol se oscurecerá, la luna no dará su resplandor*
  24:31 *gran voz de trompeta* (compare con 1 Corintios 15:52)
  24:37-39 *como en los días de Noé . . . comiendo y bebiendo*
2 Timoteo 3:1 y 13 *los malos hombres . . . irán de mal en peor*
Daniel 12:4 *muchos correrán de aquí para allá, y la ciencia aumentará*
Joel 3:1 *haré volver la cautividad de Judá, y de Jerusalén*
1 Timoteo 4:1-4 *algunos apostatarán de la fe*
2 Pedro 3:1-4 *vendrán burladores . . . diciendo: ¿Dónde está la promesa de su advenimiento?*
2 Tesalonicenses 2:1-4 *se manifieste el hombre de pecado*

1 Tesalonicenses 5:3 *cuando digan: paz y seguridad, entonces vendrá sobre ellos destrucción*

(Para textos adicionales véase el estudio 14).

Preguntas
1. ¿Ya se han cumplido todas las señales que precederán a la venida del Señor?
2. ¿Qué dirán los incrédulos antes de su venida?
3. ¿ El pueblo de Dios estará en la tierra en los días de la gran tribulación?
4. ¿Cuáles son algunas de las señales de la venida de Cristo?

Resumen

Cuando llegue la gran tribulación, el verdadero creyente será consolado al pensar que no sufre la ira de Dios. (1 Tesalonicenses 5:9) Sufriremos, sí, en esos días, y eso es seguro; pero será a manos de los hombres y no de nuestro Señor. Ciñamos nuestros lomos y nuestras lámparas alumbren bien (Lucas 12:35) en preparación para las fuertes pruebas de los últimos días. Los santos en todas las edades han sufrido terriblemente por causa de su fe. (Hebreos 11:36-38) ¿Por qué debemos nosotros esperar escapar de las pruebas? En nuestras oraciones debemos buscar la gracia necesaria para soportarlas.

32. LA PERSONA DE SATANÁS

Introducción

En Santiago 4:7 leemos "someteos, pues, a Dios; resistid al diablo, y huirá de vosotros". ¿Quién es Satanás, y por qué es tan necesario que nosotros le resistamos? Quizá estos textos puedan ayudarnos a conocer mejor al enemigo, y de este modo estemos mejor preparados para defendernos de sus asechanzas.

Apocalipsis 12:9-11 *Satanás, el cual engaña al mundo entero*
1 Corintios 4:3, 4 *el dios de este siglo cegó el entendimiento de los incrédulos*
Juan 8:44 *vosotros sois de vuestro padre el diablo*
Efesios 2:1, 2 *conforme al príncipe de la potestad del aire*
Hechos 26:18 *para que se conviertan... de la potestad de Satanás*
1 Tesalonicenses 2:18 *Satanás nos estorbó*
1 Pedro 5:8, 9 *el diablo, como león... anda alrededor*
2 Corintios 11:13, 14 *Satanás se disfraza como ángel de luz*
Efesios 6:11, 12 *para que podáis estar firmes contra las asechanzas del diablo*
2 Corintios 10:3-5 *las armas de nuestra milicia no son carnales*
1 Juan 4:4 *mayor es el que está en vosotros, que el que está en el mundo*

(Para textos adicionales véanse los estudios 33 y 85).

Preguntas
1. ¿Es Satanás una verdadera persona?
2. ¿De quiénes es padre Satanás?
3. ¿Cuál es la armadura que debemos utilizar para resistir al diablo?
4. ¿Es el diablo más fuerte que nosotros?
5. ¿Es el diablo más fuerte que Dios?
6. ¿Cuál es el secreto de resistir a Satanás?

Resumen

Los equipos participantes en el Mundial de Fútbol envían "espías" para que estudien los puntos débiles, así como los puntos fuertes de sus adversarios. De esta forma tienen mayores posibilidades de salir victoriosos. El conocer a Satanás y sus maniobras es mucho más importante aún, puesto que peleamos una batalla que trae consecuencias eternas. "Que Satanás no gane ventaja alguna sobre nosotros, pues no ignoramos sus maquinaciones". (2 Corintios 2:11)

33. LA TENTACIÓN

Introducción

El enemigo de nuestras almas, el diablo, es alguien que no deja nada al azar en su afán de cumplir con su cometido, que es nada menos que nuestra destrucción. No pudiendo él mismo destruir las almas, nos invita, por medio de las tentaciones, a buscar nuestra propia condenación. Sepamos, pues, cómo trabaja y se disfraza la tentación, cómo podemos resistirla, y qué es lo que Dios promete al que la haya resistido.

> **Santiago 1:12-15** *uno es tentado, cuando . . . es atraído y seducido*
> **1 Timoteo 6:9** *los que quieren enriquecerse caen en tentación*
> **Gálatas 6:1** *no sea que tú también seas tentado*
> **1 Corintios 10:12, 13** *el que piense estar firme, mire que no caiga. Dios . . . no os dejará ser tentados más de lo que podéis resistir*
> **2 Pedro 2:9** *sabe el Señor librar de tentación a los piadosos*
> **Génesis 39:7-12** (José y la esposa de Potifar)
> **Mateo 26:41** *orad, para que no entréis en tentación*
> **Santiago 4:7** *resistid al diablo y huirá de vosotros*
> **1 Pedro 5:8, 9** *el diablo . . . al cual resistid firmes en la fe*

Preguntas

1. ¿Es malo ser tentado?
2. Nombre algunas cosas que Satanás podría usar para tentarnos
3. ¿Nos tienta Dios?
4. ¿Qué debemos hacer para no someternos a la tentación?

Resumen

El Señor no nos impone carga que no podamos llevar, ni que **Él mismo** no haya llevado. Recordemos, cuando los avances del diablo parezcan imparables, que si miramos a Cristo encontraremos comprensión, compasión y ayuda. "Porque no tenemos un sumo sacerdote que no pueda compadecerse de nuestras debilidades, sino uno que fue tentado en todo según nuestra semejanza, pero sin pecado". (Hebreos 4:15) "Pues en cuanto él mismo padeció siendo tentado, es poderoso para socorrer a los que son tentados". (Hebreos 2:18) (Véase Lucas 4:1-13).

34. EL DESALIENTO

Introducción

Un cristiano que siente tristeza o cansancio por cualquier motivo no peca. Pecamos cuando, a raíz de ese dolor o sufrimiento, dudamos del poder de Dios, y de la veracidad de la promesa: "a los que aman a Dios, todas las cosas les ayudan a bien". (Romanos 8:28) Cuando, pues, el desaliento nos domina, es por falta de fe de que Dios nos acompaña y ordena bien las cosas.

> **Isaías 40:28-31** *él da esfuerzo al cansado . . . levantarán alas como las águilas*
> **41:10, 11** *no temas . . . no desmayes, porque yo soy tu Dios*
> **Lucas 18:1** *refirió Jesús . . . sobre la necesidad de orar siempre, y no desmayar*
> **Mateo 28:20** *he aquí yo estoy con vosotros todos los días*
> **Filipenses 4:13** *todo lo puedo en Cristo que me fortalece*
> **1 Timoteo 1:7 y 12** *no nos ha dado Dios espíritu de cobardía*
> **Romanos 8:35-39** *estoy seguro de que ni la muerte . . . nos podrá separar del amor de Dios*
> **2 Corintios 4:7-11** *atribulados en todo, mas no angustiados . . . perseguidos, mas no desamparados*

1:8-10 *fuimos abrumados sobremanera . . . aun perdimos la esperanza de conservar la vida*
Hebreos 12:2, 3 *puestos los ojos en Jesús . . . para que vuestro ánimo no se canse hasta desmayar*
1 Corintios 15:58 *estad firmes . . . sabiendo que vuestro trabajo en el Señor no es en vano*
Gálatas 6:9 *no nos cansemos, pues, de hacer bien . . . no desmayamos*

Preguntas
1. ¿El desaliento es un pecado?
2. ¿Hay casos cuando nuestro trabajo en el Señor es en vano?
3. Cuando el apóstol Pablo comenzaba a sentir desaliento, ¿qué hacía?
4. ¿Qué nos prometió el Señor Jesús en momentos de partir al cielo?
5. Si nuestra fe fuera perfecta, ¿nos desanimaríamos?

Resumen
Hermanos, cuando aceche el desaliento, ¡miremos a Cristo! En Hebreos 12:3 se nos amonesta "considerad a aquel que sufrió tal contradicción de pecadores contra sí mismo, para que vuestro ánimo no se canse hasta desmayar".

35. EL MATRIMONIO

Introducción
El hogar y la unidad familiar son instituidos por Dios. En el principio Dios dijo "no es bueno que el hombre esté solo; le haré ayuda idónea para él . . . y de la costilla que Jehová Dios tomó del hombre, hizo una mujer, y la trajo al hombre". (Génesis 2:18 y 22)

> **Salmo 128:3, 4** *tu mujer será como vid . . . tus hijos . . . plantas*
> **Génesis 24:67** *tomó a Rebeca por mujer, y la amó*
> **Hebreos 13:4** *honroso sea en todos el matrimonio*

Efesios 5:21-33 *amar a sus mujeres como a sus mismos cuerpos*
1 Pedro 3:1-7 (deberes conyugales)
Colosenses 3:18, 19 *amad... y no seáis ásperos con ellas*
Mateo 19:3-12 *lo que Dios juntó, no lo separe el hombre*
1 Corintios 7:13-15 *y él consiente en vivir con ella, no lo abandone*
Tito 2:3-5 *enseñen a las mujeres... a amar a sus maridos*
1 Timoteo 2:11, 12 *no permito a la mujer... ejercer dominio*
Proverbios 31:10-31 (elogio de la mujer virtuosa)

(Para textos adicionales véase el estudio 52).

Preguntas
1. ¿Qué constituye un matrimonio delante de Dios?
2. ¿Es correcto que un cristiano se divorcie?
3. ¿Es conveniente vivir en la casa de los padres después de casados?
4. ¿Cuál es el deber más grande que tiene el hombre hacia su esposa? ¿Y de la mujer para con su esposo?

Resumen

¡Qué bendición es una buena relación matrimonial donde un cónyuge ayuda al otro en el camino del Señor! Con razón el apóstol Pedro amonestó al hombre a vivir "sabiamente, dando honor a la mujer como a vaso más frágil, y como a coherederas de la gracia de la vida, para que vuestras oraciones no tengan estorbo". (1 Pedro 3:7)

36. LOS NIÑOS EN EL HOGAR

Introducción

Hoy los jóvenes son tan rebeldes como siempre, debido en parte a que los padres no tienen nociones de cómo se debe criar a un hijo. Es una pena que muchos padres cristianos, aun sabiendo lo que dice la Biblia al respecto, tampoco saben corregir a sus hijos.

Salmo 127:4, 5 *bienaventurado el hombre que llenó su aljaba de ellos*
Deuteronomio 11:18-20 *ensenaréis a vuestros hijos*
Proverbios 22:6 *instruye al niño en su camino*
    23:13, 14 *no rehúses corregir al muchacho*
    13:24 *el que detiene el castigo, a su hijo aborrece*
    22:15 *la vara de la corrección la alejará de él*
    29:15 y 17 *la vara y la corrección dan sabiduría*
    19:18 *castiga a tu hijo en tanto que hay esperanza*
    10:1 *el hijo sabio alegra al padre*
1 Timoteo 3:12 *que gobiernen bien sus hijos*
2 Timoteo 3:14, 15 *desde la niñez has sabido las Sagradas Escrituras*
Efesios 6:1-4 *obedeced en el Señor a vuestros padres*
Colosenses 3:20, 21 *no exasperéis a vuestros hijos*

Preguntas
1. ¿Deben los padres cristianos castigar a sus hijos?
2. ¿Cuándo se debe comenzar la disciplina de un niño?
3. Si los padres son creyentes, ¿ello hace al niño un cristiano?
4. ¿La responsabilidad de instruir al niño pertenece a la iglesia o a sus padres?

Resumen
    "El hijo necio es tristeza de su madre". (Proverbios 10:1) ¡Qué gran responsabilidad la que como padres tenemos: la de mostrar a nuestros hijos el camino de Dios! Esto lo haremos no sólo con palabras, sino también con el ejemplo diario. Los niños llevan las características físicas de sus padres, y del mismo modo son formados espiritualmente por lo que ven e imitan en ellos. Reproducimos, pues, en ellos lo que nosotros somos.

37. LA LENGUA

Introducción

La lengua es el miembro de nuestro cuerpo más difícil · de sujetar, por lo cual muchas veces "de una misma boca proceden bendición y maldición. Hermanos míos, esto no debe ser así". (Santiago 3:10) Quizá al repasar estos textos y reconocer honradamente cómo y cuándo hemos errado en este aspecto, aprendamos a andar en verdadera santidad delante de Él.

Santiago 3:1-12 *la lengua es un fuego, un mundo de maldad*
    1:26 *si alguno . . . no refrena su lengua . . . la religión del tal es vana*
Proverbios 12:18 *hay hombres cuyas palabras son como golpes*
    21:23 *el que guarda . . . su lengua, su alma guarda de angustias*
Santiago 4:11 *no murmuréis los unos de los otros*
Efesios 4:29 *ninguna palabra corrompida salga de vuestra boca*
Levítico 19:16 *no andarás chismeando entre tu pueblo*
Marcos 7:6 *este pueblo de labios me honra, mas su corazón está lejos de mí*
1 Pedro 3:10 *refrene su lengua de mal*
Mateo 12:36, 37 *de toda palabra vana que hablen . . . darán cuenta* (Biblia de Las Américas)

(Para textos adicionales véase el estudio 79).

Cuán sublime sería si utilizáramos nuestras lenguas para cantar alabanzas al Señor. A continuación, veremos algunos textos que aconsejan al hombre a rendir verdadera alabanza y adoración a Dios.

Salmo 107:1-3 *alabad a Jehová . . . díganlo los redimidos*

Hechos 2:46, 47 *con alegría y sencillez . . . alabando a Dios*
Hebreos 13:15 *ofrezcamos siempre a Dios . . . sacrificio de alabanza*

(Para textos adicionales véase el estudio 89).

Preguntas
1. ¿Puede una fuente dar agua dulce y amarga a la vez?
2. ¿Puede la misma lengua bendecir y maldecir?
3. ¿Se están registrando nuestras palabras vanas y ociosas, para luego juzgarnos por ellas? Citar un texto.
4. ¿El alabar a Dios puede ser un sacrificio?

Resumen
En Filipenses 2:11 leemos que vendrá el día cuando toda lengua confiese que Jesús es el Señor. Hay muchos que viven esclavizados en el pecado, y hacen juramentos utilizando lenguaje profano. Pidamos nosotros a diario ayuda y gracia de lo alto para mantener limpias nuestras lenguas hasta que Él venga.

38. LA DIVINIDAD DE CRISTO

Introducción
Los Mormones y los Testigos de Jehová, y casi todas las sectas falsas se equivocan en cuanto a la divinidad de Cristo. Debemos nosotros estar seguros de lo que la Biblia enseña concerniente a la persona de Cristo. Jesús dijo que todos debieran honrar "al Hijo como honran al Padre. El que no honra al Hijo, no honra al Padre que le envió". (Juan 5:23) Veamos lo que dice la Biblia sobre esta importante doctrina.

Juan 1:1-3, 14, 18 *el Verbo era Dios . . . todas las cosas por él fueron hechas*
Miqueas 5:2 *sus salidas son desde el principio, desde los días de la eternidad*

Lucas 2:11 *os ha nacido . . . Cristo el Señor*
Romanos 9:5 *Cristo, el cual es Dios sobre todas las cosas*
1 Juan 5:20 *Jesucristo . . . éste es el verdadero Dios*
Mateo 1:23 *Dios con nosotros*
Tito 2:13 *nuestro gran Dios y Salvador Jesucristo*
Juan 10:30-33 *yo y el Padre uno somos . . . te haces Dios*
Isaías 9:6, 7 *un niño nos es nacido, y se llamará su nombre . . . Dios fuerte, Padre eterno*
1 Timoteo 3:16 *Dios fue manifestado en carne*
Hebreos 1:8 *mas del Hijo dice: Tú trono, oh, Dios* **Juan 20:28** *Señor mío, y Dios mío*
Colosenses 2:9 *en él habita . . . toda la plenitud de la Deidad*
Juan 5:18 *decía que Dios era su propio Padre, haciéndose igual a Dios*
Filipenses 2:5-11 *toda lengua confiese que Jesucristo es el Señor*
1 Juan 2:22, 23 *éste es anticristo, el que niega . . . al Hijo*
2 Juan 7-11 *el que persevera en la doctrina de Cristo, ése sí tiene al Padre y al Hijo*

Preguntas

1. ¿Cómo podemos reconocer fácilmente a las falsas sectas?
2. ¿Las falsas sectas niegan abiertamente la Deidad de Cristo?
3. ¿En quién mora "corporalmente toda la plenitud de la Deidad"?
4. ¿Es indispensable para nuestra salvación creer que Jesucristo es Dios?

Resumen

Una de las señales del fin es que muchos falsos profetas y falsos cristos aparecerán. (Mateo 24:24) Estos, aunque falsos, harán muchos milagros y señales, "de tal manera que engañarán, si fuere posible, aun a los escogidos". Cuán importante es que estemos despiertos y velando, escudriñando nuestras Biblias para que podamos reconocer el engaño de esos falsos profetas en los últimos días.

39. EL SABATISMO

Introducción

Hoy en día muchos de los creyentes son perturbados por los sabatistas, entre los cuales están los "Adventistas del Séptimo Día". Ellos sostienen que nosotros deberíamos guardar toda la ley de Moisés y el día sábado conforme al cuarto mandamiento. Pero ahora que conocemos a Cristo ya no estamos bajo la ley judaica. Veamos lo que dice la Palabra de Dios.

Primero, unos cuantos versículos para los que insisten en guardar el día sábado:

> **Éxodo 20:10** *el séptimo día es reposo . . . no haga en él obra alguna*
> **35:1-3** *no encenderéis fuego . . . en el día de reposo*
> **Números 15:32-36** *hallaron a un hombre que recogía leña en día de reposo . . . y Jehová dijo a Moisés: irremisiblemente muera aquel hombre*
> **Gálatas 5:15-18** *si sois guiados por el Espíritu, no estáis bajo la ley*
> **3:23-26** *la ley ha sido nuestro ayo, para llevarnos a Cristo*
> **Romanos 6:14** *no estáis bajo la ley, sino bajo la* gracia
> **Gálatas 2:16 y 21** *si por la ley fuese la justicia, entonces por demás murió Cristo*
> **4:9-11** *cómo es que* os *volvéis de nuevo a los débiles y pobres rudimentos*
> **5:1** *estad . . . firmes en la libertad de Cristo*
> **Colosenses 2:14-17** *nadie* os *juzgue en comida . . . o días de reposo*
> **Hechos 15:5-31** *no imponeros ninguna carga más que estas cosas necesarias*
> **Juan 13:34, 35** *un mandamiento nuevo os doy; que os améis unos a otros*

Mateo 22:34-40 *de estos dos... depende toda la ley*
Romanos 13:8-10 *el cumplimiento de la ley es el amor*
Tito 3:9 *pero evita las... discusiones acerca de la ley*

(Para textos adicionales véanse los estudios 57, 58, 59).

Preguntas
1. ¿Estamos obligados a guardar la ley de Moisés?
2. ¿Por qué se llama esta ley, "la ley de Moisés"?
3. ¿Cuál es el fundamento de la nueva ley que Cristo nos ha dado?
4. ¿Guardan los sabatistas toda la ley de Moisés?
5. ¿Qué ocurre cuando un sabatista ofende en un punto de la ley?

Resumen
Alabamos a Dios porque no estamos bajo la antigua ley, sino bajo la gracia. Sin embargo, nunca debemos pensar que vivir bajo la ley de Cristo es un camino más fácil. "Oísteis que fue dicho (bajo la ley antigua): Ojo por ojo, y diente por diente. Pero yo os digo: No resistáis al que es malo; antes, a cualquiera que te hiera en la mejilla derecha, vuélvele también la otra; y al que quiera ponerte a pleito y quitarte la túnica, déjale también la capa". (Mateo 5:38-40) Ciertamente la ley de Cristo está establecida en un nivel superior y más espiritual.

40. LA IDOLATRÍA

Introducción
"Tener fe, pues, es tener la completa seguridad de recibir lo que esperamos, y estar perfectamente convencidos de que algo que no vemos es la realidad". (Hebreos 11:1, V. P). Siempre ha sido difícil para el hombre creer en un Dios al que no ve; un Dios que tan solamente se puede "ver" a través de la fe. Así tenemos la triste historia de su búsqueda al tratar de imaginar cómo es Dios, y luego crear una copia de Él de oro, madera, piedra, o yeso. Con respecto a esta vana búsqueda, el apóstol Pablo dijo que "no debemos pensar que la

Divinidad sea semejante a oro, o plata, o piedra, escultura de arte y de imaginación de hombres". (Hechos 17:29) Ya que la idolatría prevalece tanto hasta hoy, es de suma importancia que el siervo de Dios sepa bien lo que Dios mismo dice sobre el asunto.

Éxodo 20:3-5 *no te harás imagen, ni ninguna semejanza*
Levítico 26:1 *no haréis para vosotros ídolos ni escultura*
1 Reyes 14:22, 23 *ellos . . . edificaron . . . estatuas, e imágenes*
Isaías 2:8 *su tierra está llena de ídolos*
Hechos 17:16-30 *no debemos pensar que la divinidad sea semejante a oro, o plata, o piedra*
Isaías 46:5-8 *a quién me asemejáis*
Jeremías 10:3-5 *con plata y oro lo adornan; con clavos y martillo lo afirman para que no se mueva*
Salmo 115:3-8 *tienen boca, mas no hablan*
Juan 4:23, 24 *Dios es espíritu*
1 Juan 5:21 *guardaos de los ídolos*
Apocalipsis 21:8 *los idólatras . . . tendrán su parte en el lago*
Isaías 42:8 *Yo Jehová . . . no daré mi gloria . . . a esculturas*
Habacuc 2:18-20 ¿De qué sirve la escultura . . . ?

Preguntas
1. ¿Por qué el hombre siente la necesidad de una imagen?
2. ¿Por qué odia Dios a la idolatría?
3. ¿Puede un retrato de Cristo o de los apóstoles servir para propósitos idólatras?

Resumen
Hemos visto que la fabricación y adoración de imágenes es idolatría. El diccionario define idolatría como "la adoración de imágenes o cualquiera devoción excesiva".

— **Introducción al Suplemento** —

Los estudios que siguen están destinados mayormente a complementar a los que preceden. Por tal motivo, no son necesariamente completos en sí. Son útiles, sin embargo, para ampliar el estudio de los temas anteriores.

El líder de grupo puede formular preguntas, así como la conclusión de los temas, si lo desea.

"Porque la palabra de Dios es viva y eficaz, y más cortante que toda espada de dos filos; y penetra hasta partir el alma y el espíritu, las coyunturas y los tuétanos, discierne los pensamientos y las intenciones del corazón". (Hebreos 4:12)

41. LO QUE DICEN LAS ESCRITURAS ACERCA DE SÍ

Éxodo 17:14 *Jehová dijo a Moisés: escribe esto . . . en un libro*
Isaías 8:1 *me dijo Jehová: toma una tabla . . . y escribe en ella*
Jeremías 36:2, 27, 28 *toma un rollo de libro, y escribe en él todas las palabras que te he hablado . . . desde el día que comencé a hablarte . . . hasta hoy*
Habacuc 2:2 *escribe la visión, y declárala en tablas*
Apocalipsis 1:11 *escribe en un libro lo que ves, y envíalo a las siete iglesias*
2 Pedro 1:20, 21 *santos hombres de Dios hablaron siendo inspirados por el Espíritu Santo*
2 Timoteo 3:16, 17 *toda la Escritura es inspirada por Dios, y útil para enseñar, para redargüir, para corregir, para instruir*
Romanos 15:4 *se escribieron, a fin de que . . . tengamos esperanza*
Juan 20:30, 31 *éstas se han escrito para que creáis que Jesús es el Cristo, el Hijo de Dios, y para que, creyendo, tengáis vida en su nombre*
Apocalipsis 1:3 *bienaventurado el que lee, y los que oyen . . . y guardan las cosas en ella escritas*

(Para textos adicionales véase el estudio 1).

41A. ADULTERIO Y FORNICACIÓN

Hebreos 13:5 *honroso . . . el matrimonio . . . pero a los fornicarios y a los adúlteros los juzgará Dios*
1 Corintios 6:9 *no heredarán el reino . . . los fornicarios, ni los adúlteros . . . ni los que se echan con varones*
Apocalipsis 21:8 *los fornicarios . . . tendrán su parte en el lago que arde con fuego y azufre*
1 Corintios 6:13-18 *el que se une con una ramera, es un cuerpo con ella . . . huid de la fornicación*
Colosenses 3:5, 6 *haced morir, pues, lo terrenal en vosotros: fornicación, impureza*
1 Tesalonicenses 4:2-4 *apartéis de fornicación; que cada uno de vosotros sepa tener su propia esposa en santidad y honor*
Judas 7 *como Sodoma y Gomorra . . . habiendo fornicado e ido en pos de vicios contra naturaleza*
Proverbios 5:3-21 *¿por qué, hijo mío, andarás ciego con la mujer ajena . . . ?*
    7:6-23 *al punto se marchó (el joven) tras ella, cómo va el buey al degolladero . . . y no sabe que es contra su vida*
Mateo 5:27, 28 *cualquiera que mira a una mujer para codiciarla, ya adulteró con ella en su corazón*

41B. HOMOSEXUALIDAD

Levítico 18:22, 23 *no te echarás con varón como con mujer, es abominación*
    20:13 *si alguno se ayuntare con varón como con mujer, abominación hicieron*
Romanos 1:26-32 *los hombres, dejando el uso natural de la mujer . . . cometiendo hechos vergonzosos hombres con hombres*

42. EL CORAZÓN DEL HOMBRE

Jeremías 17:9 *engañoso es el corazón más que todas las cosas*
Mateo 15:7, 8, 19 *de labios me honra; mas su corazón está lejos de mí... del corazón salen los malos pensamientos*
Lucas 16:15 *justificáis a vosotros mismos... mas Dios conoce vuestros corazones*
Hebreos 10:22 *acerquémonos con corazón sincero... purificados... de mala conciencia*
Santiago 4:8 *limpiad las manos; y vosotros los de doble ánimo, purificad vuestros corazones*
Mateo 5:8 *bienaventurados los de limpio corazón*

43. EL EGOÍSMO ABSOLUTO DEL HOMBRE

Génesis 6:5 y 12 *todo designio de los pensamientos del corazón de ellos era de continuo solamente el mal*
2 Timoteo 3:1-5 *habrá hombres amadores de sí mismos*
Isaías 53:6 *todos nosotros nos descarriamos... cada cual se apartó por su camino*
Eclesiastés 6:7 *todo el trabajo del hombre es para su boca, y con todo eso su deseo no se sacia*
Isaías 66:3, 4 *escogieron sus propios caminos*
  65:2, 3 *pueblo rebelde, el cual anda por camino no bueno, en pos de sus pensamientos*
Proverbios 1:24, 25 *llamé, y no quisisteis oír, extendí mi mano, y no hubo quien atendiese*
Filipenses 2:21 *todos buscan lo suyo propio, no lo que es de Cristo*

(Para textos adicionales véase el estudio 3).

44. LA ENVIDIA

Eclesiastés 4:4 *toda excelencia de obras despierta la envidia del hombre contra su prójimo*

Job 5:2 *al codicioso lo consume la envidia*
Proverbios 24:1 *no tengas envidia de los hombres malos*
Romanos 1:28, 29 *Dios los entregó a una mente reprobada . . . llenos de envidia*
Santiago 4:2 *codiciáis, y no tenéis; matáis y ardéis de envidia*
Gálatas 5:26 *no nos hagamos vanagloriosos . . . envidiándonos unos a otros*
Tito 3:3 *nosotros también éramos en otro tiempo . . . insensatos . . . viviendo en malicia y envidia*
Proverbios 14:30 *la envidia es carcoma de los huesos*
1 Corintios 13:4 *el amor no tiene envidia*

45. LOS PLEITOS

Proverbios 25:8 *no entres apresuradamente en pleito*
   3:29, 30 *no intentes mal contra tu prójimo . . . no tengas pleito con nadie sin razón*
Éxodo 20:16 *no hablarás contra tu prójimo falso testimonio*
Deuteronomio 1:17 *no hagáis distinción de persona en el juicio*
Santiago 4:1 *¿de dónde vienen las guerras y los pleitos entre vosotros? ¿no es de vuestras pasiones?*
1 Corintios 6:1-8 *el hermano con el hermano pleitea en juicio, y esto ante los incrédulos*
Mateo 5:25, 26 *ponte de acuerdo con tu adversario pronto*
   5:38-42 *al que quiera ponerte a pleito y quitarte la túnica, déjale también la capa*
1 Timoteo 2:24 *un siervo del Señor no debe andar en pleitos; al contrario, debe ser bueno con todos. (V. P).*

(Para textos adicionales véase el estudio 78).

46. LA VENGANZA

Romanos 12:14-21 *no os venguéis vosotros mismos... porque escrito está: Mía es la venganza, yo pagaré, dice el Señor*
1 Pedro 2:21-23 *Cristo padeció por nosotros, dejándonos ejemplo... cuando le maldecían, no respondía con maldición... sino encomendaba la causa al que juzga justamente*
Proverbios 20:22 *no digas: yo me vengaré; espera a Jehová, y él te salvará*
Mateo 5:44-47 *pero yo os digo: amad a vuestros enemigos, bendecid a los que os maldicen, haced bien a los que os aborrecen, y orad por los que os ultrajan y os persiguen*
(Para textos adicionales véase el estudio 84).

47. EL ENOJO

Mateo 5:21, 22 *cualquiera que se enoje contra su hermano, será culpable de juicio*
Colosenses 3:8 *dejad... estas cosas: ira, enojo, malicia*
Efesios 4:26, 31 *no se ponga el sol sobre vuestro enojo... quítense de vosotros toda amargura, enojo, ira, gritería*
Eclesiastés 7:8, 9 *no te apresures en tu espíritu a enojarte; porque el enojo reposa en el seno de los necios*
Salmos 37:8 *deja la ira, y desecha el enojo*
1 Timoteo 2:8 *quiero, pues, que los hombres oren en todo lugar, levantando manos santas, sin ira*
Santiago 1:19, 20 *la ira del hombre no obra la justicia de Dios*

48. LA MENTIRA Y EL ENGAÑO

Salmos 5:4-6 *Dios... aborrece a todos los que hacen iniquidad. Destruirás a los que hablan mentira*
    12:1, 2 *habla mentira cada uno con su prójimo; hablan con labios lisonjeros, y con doblez de corazón*

Proverbios 19:5 *el testigo falso no quedará sin castigo, y el que habla mentiras no escapará*
Romanos 1:25 *cambiaron la verdad de Dios por la mentira, honrando y dando culto a las criaturas antes que al Creador*
Apocalipsis 21:8 *los cobardes . . . y todos los mentirosos tendrán su parte en el lago que arde con fuego y azufre*
    22:15 *mas los perros estarán fuera . . . y todo aquel que ama y hace mentira*

(Para textos adicionales véase el estudio 17).

49. LA PEREZA

1 Tesalonicenses 3:7-15 *si alguno no quiere trabajar, tampoco coma*
Proverbios 6:6-11 *ve a la hormiga, oh perezoso . . . perezoso, ¿hasta cuándo has de dormir?*
    24:30-34 *pasé junto al campo del hombre perezoso . . . y he aquí que por toda ella habían crecido los espinos*
    13:4 *el alma del perezoso desea, y nada alcanza*
    15:19 *el camino del perezoso es como seto de espinos*
    20:13 *no ames el sueño, para que no te empobrezcas*
Romanos 12:11 *en lo que requiere diligencia, no perezosos; fervientes en el espíritu, sirviendo al Señor*

50. LAS BEBIDAS ALCOHÓLICAS

1 Corintios 5:11 *no os juntéis con ninguno que, llamándose hermano . . . fuere . . . borracho*
Gálatas 5:19-21 *manifiestas son las obras de la carne, que son: adulterio, fornicación . . . borracheras . . . los que practican tales cosas no heredarán el reino de Dios*
1 Corintios 6:9, 10 *¿no sabéis que los injustos no heredarán el reino de Dios? . . . ni los avaros, ni los borrachos*
Proverbios 20:1 *el vino es escarnecedor*
    21:17 *el que ama el vino . . . no se enriquecerá*

23:31-33 *no mires al vino cuando rojea... tus ojos mirarán cosas extrañas, y tu corazón hablará perversidades*
Isaías 5:11 y 22 *¡ay de los que se levantan de mañana para seguir la embriaguez...!*
Tito 1:7 *el obispo sea irreprensible... no dado al vino*
Habacuc 2:15 *¡ay del que da de beber a su prójimo!*
Joel 1:5 *despertad, borrachos, y llorad; gemid, todos los que bebéis vino*
1 Pedro 4:3-5 *baste ya el tiempo pasado para haber hecho lo que agrada a los gentiles, andando en lascivias.... embriagueces*
Mateo 24:48-51 *si aquel siervo malo dijere en su corazón: mi señor tarda en venir; y comenzare a golpear a sus consiervos, y aun a comer y a beber con los borrachos, vendrá el ·señor... y lo castigará*
Romanos 13:13, 14 *andemos como de día, honestamente; no en glotonerías y borracheras... sino vestíos del Señor Jesucristo*

51. LA HECHICERÍA

Apocalipsis 21:8 *los cobardes e incrédulos... y hechiceros... tendrán su parte en el lago de fuego*
Éxodo 22:18 *a la hechicera no dejarás que viva*
Levítico 20:27 *el hombre o la mujer que evocare espíritus de muertos o se entregare a la adivinación, ha de morir*
   19:31 *no os volváis a los encantadores ni a los adivinos; no los consultéis, contaminándoos con ellos*
Deuteronomio 1-8:10-12 *no sea hallado en ti quien haga pasar a su hijo o a su hija por el fuego, ni quien practique adivinación, ni agorero, ni sortílego, ni hechicero, ni encantador, ni adivino, ni mago, ni quien consulte a los muertos. Porque es abominación para con Jehová cualquiera que hace estas cosas*
1 Crónicas 10:13, 14 *murió Saúl... porque consultó a una adivina*

Hechos 16:16-18 *una muchacha que tenía espíritu de adivinación . . . desagradando a Pablo, éste se volvió, y dijo al espíritu: Te mando en el nombre de Jesucristo que salgas*
Gálatas 5:19-21 *manifiestas son las obras de la carne, que son . . . idolatría, hechicerías . . . los que practican tales cosas no heredarán el reino de Dios*
Isaías 8:19 *¿Consultará a los muertos por los vivos?*

52. EL DIVORCIO (ABANDONO DEL CÓNYUGE)

Malaquías 2:14-16 *Jehová . . . aborrece el repudio . . . no seáis desleales*
Mateo 5:31, 32 *el que repudia a su mujer, a no ser por causa de fornicación, hace que ella adultere; y el que se casa con la repudiada, comete adulterio*
Romanos 7:1-3 *la mujer casada está sujeta por la ley al marido mientras éste vive; pero si el marido muere, ella queda libre de la ley del marido*
Mateo 19:3-9 *no son ya más dos, sino una sola carne; por tanto, lo que Dios juntó, no lo separe el hombre*
1 Corintios 7:10-15 *si una mujer tiene marido que no sea creyente, y él consiente en vivir con ella, no lo abandone . . . pero si el incrédulo se separa, sepárese; pues no está el hermano o la hermana sujeto a servidumbre en semejante caso, sino que a paz nos llamó Dios*
Marcos 10:1-12 *cualquiera que repudia a su mujer y se casa con otra, comete adulterio contra ella*

(Para textos adicionales véase el estudio 35).

53. LOS PLACERES MUNDANALES

Job 21:12, 13 *al son de tamboril y de cítara saltan, y se regocijan al son de la flauta . . . y en paz descienden al Seol*
Lucas 8:14 *la que cayó entre espinos, éstos son los que oyen, pero yéndose, son ahogados por los afanes y las riquezas y los placeres de la vida*

1 Timoteo 3:1-4 *habrá hombres amadores de sí mismos . . . amadores de los deleites más que de Dios*
  5:6 *la que se entrega a los placeres, viviendo está muerta*
  Isaías 5:12 *en sus banquetes hay arpas, vihuelas, tamboriles, flautas y vino, y no miran la obra de Jehová ni consideran la obra de sus manos*
  Hebreos 11:24-26 *Moisés . . . escogiendo antes ser maltratado con el pueblo de Dios, que gozar de los deleites temporales del pecado*
  Isaías 22:13, 14 *comamos y bebamos, porque mañana moriremos . . . este pecado no os será perdonado*
  (Para textos adicionales véanse los estudios 14 y 54).

54. EL PELIGRO DE LAS RIQUEZAS

  Lucas 12:16-21 *alma, muchos bienes tienes guardados para muchos años; repásate, come, bebe, regocíjate. Pero Dios Je dijo: necio, esta noche vienen a pedirte tu alma*
  Salmos 49:16-20 *no temas cuando se enriquece alguno . . . porque cuando muera no llevará nada, ni descenderá tras él su gloria*
  1 Timoteo 6:9, 10 *los que quieren enriquecerse caen en tentación y lazo . . . porque raíz de todos los males es el amor al dinero*
  Mateo 16:26 *¿ qué aprovechará al hombre, si ganare todo el mundo, y perdiere su alma?*
  6:19-21 *no os hagáis tesoros en la tierra, donde la polilla y el orín corrompen . . . sino haceos tesoros en el cielo . . . porque donde esté vuestro tesoro allí estará también vuestro corazón*
  6:24 *ninguno puede servir a dos señores . . . no podéis servir a Dios y a las riquezas*
  1 Timoteo 6:17-19 *a los ricos de este siglo manda que no sean altivos, ni pongan la esperanza en las riquezas, las cuales son inciertas, sino en el Dios vivo*

55. LAS DEUDAS

Proverbios 22:7 *el rico se enseñorea de los pobres, y el que toma prestado es siervo del que presta*
Salmos 37:21 *el impío toma prestado, y no paga*
Romanos 13:7, 8 *no debáis a nadie nada, sino el amaros unos a otros*
Proverbios 22:26, 27 *no seas de aquellos que se comprometen, ni de los que salen por fiadores de deudas*

(Para textos adicionales véase el estudio 17).

56. EL HACER CAER AL HERMANO

Romanos 14:13 *ya no juzguemos más los unos a los otros, sino más bien decidid no poner tropiezo u ocasión de caer al hermano*
1 Corintios 10:23, 24 *todo me es lícito, pero no todo conviene; todo me es lícito, pero no todo edifica. Ninguno busque su propio bien, sino el del otro*
10:32, 33 *no seáis tropiezo ni a judíos, ni a gentiles, ni a la iglesia de Dios; como también yo en todas las cosas agrado a todos, no procurando mi propio beneficio*
Filipenses 2:3, 4 *nada hagáis por contienda . . . antes bien con humildad, estimando cada uno a los demás como superiores a él mismo*
Romanos 15:1, 2 *debemos soportar las flaquezas de los débiles, y no agradarnos a nosotros mismos*
1 Corintios 8:13 *si la comida le es a mi hermano ocasión de caer, no comeré carne jamás, para no poner tropiezo a mi hermano*
Marcos 9:42 *cualquiera que haga tropezar a uno de estos pequeñitos que creen en mí, mejor fe fuera si se Je atase una piedra de molino al cuello, y se le arrojase en el mar*
Romanos 14:21 *bueno es no comer carne, ni beber vino, ni nada en que tu hermano tropiece, o se ofenda, o se debilite*

57. EL GUARDAR LA LEY

Gálatas 3:11 *por la ley ninguno se justifica para con Dios, es evidente, porque: El justo por la fe vivirá*
 3:24 *de manera que la ley ha sido nuestro ayo, para llevarnos a Cristo, a fin de que fuésemos justificados por la fe*
Santiago 2:10 *cualquiera que guardare toda la ley, pero ofendiere en un punto, se hace culpable de todos*
1 Timoteo 1:7-9 *queriendo ser doctores de la ley, sin entender ni lo que hablan ni lo que afirman*
Colosenses 2:20-23 *si habéis muerto con Cristo en cuanto a los rudimentos del mundo, ¿por qué . . . os sometéis a preceptos tales como: no manejes, ni gustes, ni aun toques*
Gálatas 5:18 *si sois guiados por el Espíritu, no estáis bajo la ley*
Romanos 10:4 *el fin de la ley es Cristo*
 13:8-10 *el amor no hace mal al prójimo; así que el cumplimiento de la ley es el amor*

(Para textos adicionales véanse los estudios 39, 58 y 59).

58. EL DÍA DEL SEÑOR

Apocalipsis 1:10 *yo estaba en el Espíritu en el día del Señor*
Lucas 24:1-3 *el primer día de la semana . . . vinieron al sepulcro . . . y entrando, no hallaron el cuerpo del Señor Jesús*
Juan 20:19 y 26 *cuando llegó la noche de aquel mismo día, el primero de la semana, estando las puertas cerradas en el lugar donde los discípulos estaban reunidos . . . vino Jesús . . . ocho días después, estaban otra vez sus discípulos dentro*
Hechos 20:7 *el primer día de la semana, reunidos los discípulos para partir el pan, Pablo les enseñaba*

1 Corintios 16:2 *cada primer día de la semana cada uno de vosotros ponga aparte algo según haya prosperado*
Romanos 14:5, 6 *uno hace diferencia entre día y día; otro juzga iguales todos los días. Cada uno esté plenamente convencido en su propia mente*

59. EL COMER CARNE

Colosenses 2:16 *nadie os juzgue en comida o en bebida, o en cuanto a días de fiesta, luna nueva o días de reposo*
1 Timoteo 4:1-5 *el Espíritu dice claramente que en los postreros tiempos algunos apostatarán de la fe . . . y mandarán abstenerse de alimentos que Dios creó para que con acción de gracias participasen de ellos los creyentes*
Hechos 10:10-15 *levántate, Pedro, mata y come . . . lo que Dios limpió no lo llames tú común*
   15:29 *absteneos de lo sacrificado a ídolos, de sangre, de ahogado y de fornicación; de las cuales cosas si os guardaréis, bien haréis*
Hebreos 13:9 *no os dejéis llevar de doctrinas diversas y extrañas; porque buena cosa es afirmar el corazón con la gracia, no con viandas, que nunca aprovecharon a los que se han ocupado de ellas*
Marcos 7:18-23 *todo lo de fuera que entra en el hombre, no le puede contaminar, porque no entra en su corazón, sino en el vientre, y sale a la letrina. Esto decía, haciendo limpios todos los alimentos*
Romanos 14:3 y 14 *no juzgue al que come; porque Dios le ha recibido . . . nada es inmundo en sí mismo; mas para el que piensa que algo es inmundo, para él lo es*
1 Corintios 8:8 *la vianda no nos hace más aceptos ante Dios; pues ni porque comamos, seremos más, ni porque no comamos, seremos menos*

60. LA VIRGEN MARÍA

Lucas 1:26-38 *una virgen desposada con un varón que se llamaba José, de la casa de David; y el nombre de la virgen era María*

1:39-56 *Elisabet fue llena del Espíritu Santo, y exclamó (a María) a gran voz, y dijo: Bendita tú entre las mujeres*

Mateo 1:18-25 *José su marido, como era justo . . . quiso dejarla . . . un ángel del Señor le apareció . . . y le dijo: José . . . no temas recibir a María tu mujer, porque lo que en ella es engendrado, del Espíritu Santo es. Y dará a luz un hijo, y llamarás su nombre Jesús, porque él salvará a su pueblo de sus pecados*

Lucas 2:4-7 *José subió . . . con María su mujer . . . y aconteció que estando ellos allí, se cumplieron los días de su alumbramiento. Y dio a luz a su hijo primogénito*

Mateo 12:47-50 *le dijo uno: he aquí tu madre . . . y tus hermanos están afuera . . . respondiendo él al que le decía esto, dijo:¿ Quién es mi madre, y quiénes son mis hermanos?*

13:53-58 *¿ No se llama su madre María, y sus hermanos, Jacobo, José, Simón y Judas? ¿No están todas sus hermanas con nosotros?* (Véase también Marcos 6:2, 3).

Gálatas 1:19 *no vi a ningún otro de los apóstoles, sino a Jacobo el hermano del Señor*

Lucas 11:27, 28 *una mujer . . . levantó la voz y le dijo: bienaventurado el vientre que le trajo, y los senos que mamaste. Y él dijo: antes bienaventurados los que oyen la palabra de Dios, y la guardan*

(Para textos adicionales véase el estudio 40).

61. EL CONFIAR EN Y PEDIR A OTROS DIOSES

1 Timoteo 2:5 *hay un solo Dios, y un solo mediador entre Dios y los hombres, Jesucristo hombre*

Romanos 8:34 *Cristo es el que murió; más aún, el que también resucitó, el que además está a la diestra de Dios, el que también intercede por nosotros*
Hebreos 9:24 *no entró Cristo en el santuario hecho de mano, figura del verdadero, sino en el cielo mismo para presentarse ahora por nosotros ante Dios*
Juan 16:23, 24 *de cierto os digo, que todo cuanto pidiereis al Padre en mi nombre, os lo dará. Hasta ahora nada habéis pedido en mi nombre; pedid, y recibiréis*
Isaías 43:10, 11 *dice Jehová . . . antes de mí no fue formado dios, ni lo será después de mí. Yo, yo Jehová, y fuera de mí no hay quien salve*
42:8 *Yo Jehová; este es mi nombre; y a otro no daré mi gloria, ni mi alabanza a esculturas*
44:6 *así dice Jehová . . . Yo soy el primero, y yo soy el postrero, y fuera de mí no hay Dios*
Éxodo 20:3 *no tendrás dioses ajenos delante de mí*
34:14 *no te has de inclinar a ningún otro dios, pues Jehová, cuyo nombre es Celoso, Dios celoso es*

(Para textos adicionales véase el estudio 40).

62. LA CABEZA DE LA IGLESIA

Colosenses 1:15-18 *él (Cristo) es la cabeza del cuerpo que **es** la iglesia*
Efesios 1:15-23 *lo dio por cabeza sobre todas las cosas a la iglesia, la cual es su cuerpo*
1 Corintios 12:27-31 *vosotros, pues, sois el cuerpo de Cristo . . . y a unos puso Dios en la iglesia, primeramente, apóstoles, luego profetas*
Efesios 2:19-22 *sois . . . miembros de la familia de Dios, edificados sobre el fundamento de los apóstoles y profetas, siendo la principal piedra del ángulo Jesucristo mismo*
Mateo 23:8-12 *no llaméis padre vuestro a nadie en la tierra*

63. EL CELIBATO

Mateo 19:10-12 *hay eunucos que a sí mismos se hicieron eunucos por causa del reino de los cielos*
1 Corintios 7:29-33 *quisiera, pues, que estuvieseis sin congoja. El soltero tiene cuidado de las cosas del Señor, de cómo agradar al Señor*
   7:7-9 *quisiera más bien que todos los hombres fuesen como yo, pero cada uno tiene su propio don de Dios*
1 Timoteo 4:1-3 *el Espíritu dice claramente que en los postreros tiempos algunos apostatarán de la fe . . . prohibirán casarse*
Mateo 8:14, 15 *vino Jesús a casa de Pedro, y vio a la suegra de éste postrada en cama, con fiebre. Y tocó su mano, y la fiebre la dejó* (es evidente que Pedro fue casado)
1 Corintios 9:5 *¿no tenemos derecho de traer con nosotros una hermana por mujer como también los otros apóstoles, y los hermanos del Señor, y Cefas?* (Pedro)
1 Timoteo 3:2 *es necesario que el obispo sea irreprensible, marido de una sola mujer*
1 Corintios 7:2 *pero a causa de las fornicaciones, cada uno tenga su propia mujer*

64. EL DESTINO DE LOS BEBÉS QUE MUEREN

Deuteronomio 24:16 *los padres no morirán por los hijos, ni los hijos por los padres; cada uno morirá por su pecado*
Ezequiel 18:4 *todas las almas son mías; como el alma del padre, así el alma del hijo es mía; el alma que pecare, esa morirá*
   18:20 *el alma que pecare, esa morirá; el hijo no llevará el pecado del padre, ni el padre llevará el pecado del hijo*
Lucas 18:15-17 *Jesús . . . dijo: dejad a los niños venir a mí, y no se lo impidáis; porque de los tales es el reino de Dios. De cierto os digo, que el que no recibe el reino de Dios como un niño, no entrará en él.*

(Para textos adicionales véase el estudio 7).

65. EL PURGATORIO

Proverbios 11:7, 8 *cuando muere el hombre impío, perece su esperanza; y la expectación de los malos perecerá. El justo es librado de la tribulación; mas el impío entra en lugar suyo*
Hebreos 9:27 *está establecido para los hombres que mueran una sola vez, y después de esto el juicio*
Lucas 16:19-26 *murió también el rico, y fue sepultado. Y en el Hades alzó sus ojos, estando en tormentos . . . una gran sima está puesta entre nosotros y vosotros, de manera que los que quisieren pasar de aquí a vosotros, no puedan, ni de allá pasar acá*
Corintios 6:1, 2 *he aquí ahora el tiempo aceptable; he aquí ahora el día de salvación*
Pedro 4:18 *si el justo con dificultad se salva, ¿en dónde aparecerá el impío y el pecador?*
Eclesiastés 11:3 *si el árbol cayere al sur, o al norte, en el lugar que el árbol cayere, allí quedará*
Lucas 13:24-28 *esforzaos a entrar por la puerta angosta. . . después que el padre de familia se haya levantado y cerrado la puerta, y estando fuera empecéis a llamar a la puerta, diciendo: Señor, Señor, ábrenos, él respondiendo os dirá: no sé de dónde sois*
Mateo 25:46 *e irán éstos al castigo eterno, y los justos a la vida eterna*
Gálatas 6:7, 8 *no os engañéis . . . todo lo que el hombre sembrare, eso también segará*

(Para textos adicionales véase el estudio 21).

66. LA TRADICIÓN

Marcos 7:1-13 *dejando el mandamiento de Dios, os aferráis a la tradición de los hombres . . . bien invalidáis el mandamiento de Dios para guardar vuestra tradición*

Mateo 15:1-9 *este pueblo de labios me honra; mas su corazón está lejos de mí. Pues en vano me honran, enseñando como doctrinas, mandamientos de hombres*
Colosenses 2:8 *mirad que nadie os engañe por medio de filosofías y huecas sutilezas, según las tradiciones de los hombres . . . y no según Cristo*
Tito 1:14-16 *no atendiendo a fábulas judaicas, ni a mandamientos de hombres que se apartan de la verdad . . . profesan conocer a Dios, pero con los hechos lo niegan*
Isaías 29:13 *este pueblo se acerca a mí con su boca, y con sus labios me honra, pero su corazón está lejos de mí, y su temor de mí no es más que un mandamiento de hombres*
Proverbios 30:5, 6 *toda palabra de Dios es limpia . . . no añadas a sus palabras, para que no te reprenda, y seas hallado mentiroso*
Apocalipsis 22:18 *si alguno añadiere a estas cosas, Dios traerá sobre él las plagas que están escritas en este libro*

67. EL JUICIO

Judas 14, 15 *vino el Señor . . . para hacer juicio contra todos, y dejar convictos a todos los impíos de todas sus obras impías que han hecho*
2 Pedro 2:4-9 *sabe el Señor . . . reservar a los injustos para ser castigados en el día del juicio*
   3:7 *están . . . guardados para el fuego en el día del juicio y de la perdición de los hombres impíos*
1 Pedro 4:17, 18 *es tiempo de que el juicio comience por la casa de Dios; y si primero comienza por nosotros, ¿cuál será el fin de aquellos que no obedecen al evangelio de Dios?*
Hebreos 9:27 *está establecido para los hombres que mueran una sola vez, y después de esto el juicio*
   10:26, 27 *si pecáremos voluntariamente . . . no queda más sacrificio . . . sino una horrenda expectación de juicio, y de hervor de fuego que ha de devorar a los adversarios*

Hechos 24:25 *al disertar Pablo acerca de la justicia, de dominio propio y del juicio venidero, Félix se espantó*
Romanos 14:12 *cada uno de nosotros dará a Dios cuenta de sí*
Hechos 17:30, 31 *Dios . . . ha establecido un día en el cual juzgará al mundo con justicia*
Mateo 25:31-33 *cuando el Hijo del Hombre venga . . . pondrá las ovejas a su derecha, y los cabritos a su izquierda*
1 Tesalonicenses 1:7-9 *cuando se manifieste el Señor Jesús . . . para dar retribución a los que no conocieron a Dios, ni obedecen . . . sufrirán pena de eterna perdición, excluidos de la presencia del Señor*
Mateo 16:27 *el Hijo del Hombre vendrá . . . y pagará a cada uno conforme a sus obras*

68. EL CASTIGO ETERNO DE LOS PECADORES

Apocalipsis 20:15 *el que no se halló inscrito en el libro de la vida fue lanzado al lago de fuego*
     21:8 *los cobardes e incrédulos . . . tendrán su parte en el lago que arde con fuego y azufre*
Judas 22, 23 *a algunos que dudan, convencedlos. A otros salvad, arrebatándolos del fuego*
Isaías 33:14 *los pecadores se asombraron . . . ¿Quién de nosotros morará con el fuego consumidor? ¿Quién de nosotros habitará con las llamas eternas?*
Apocalipsis 14:10, 11 *será atormentado con fuego y azufre delante de los santos ángeles y del Cordero, y el humo de su tormento sube por los siglos de los siglos*
Lucas 12:5 *temed a aquel que después de haber quitado la vida, tiene poder de echar en el infierno*

69. LA GLORIA

Apocalipsis 21:1-4 *Vi un cielo nuevo . . . el tabernáculo de Dios con los hombres, y él morará con ellos; . . .*

Enjugará Dios toda lágrima de los ojos de ellos; y ya no habrá muerte, ni habrá más llanto, ni clamor, ni dolor
2 Pedro 3:13 *nosotros esperamos, según sus promesas, cielos nuevos, y tierra nueva, en los cuales mora la justicia*
Hebreos 10:34 *el despojo de vuestros bienes sufristeis con gozo, sabiendo que tenéis en vosotros una mejor y perdurable herencia en los cielos*
    13:14 *no tenemos aquí ciudad permanente, sino que buscamos la por venir*
Filipenses 3:20 *nuestra ciudadanía está en los cielos*
2 Corintios 5:1 *sabemos que si nuestra morada terrestre, este tabernáculo, se deshiciere, tenemos de Dios un edificio, una casa no hecha de manos, eterna, en los cielos*
Juan 14:1-3 *en la casa de mi Padre muchas moradas hay*
Lucas 10:20 *regocijaos de que vuestros nombres están escritos en los cielos*

(Para textos adicionales véase el estudio 20).

70. EL ENTIERRO DE LOS CREYENTES

Juan 14:1-3 *en la casa de mi Padre muchas moradas hay*
1 Tesalonicenses 4:13-18 *tampoco queremos hermanos, que ignoréis acerca de los que duermen, para que no os entristezcáis como los otros que no tienen esperanza*
1 Corintios 15:51, 52 *todos seremos transformados, en un momento, en un abrir y cerrar de ojos, a la final trompeta . . . y los muertos serán resucitados incorruptibles*
    15:20 mas *ahora Cristo ha resucitado de los muertos; primicias de los que durmieron*
    5:1 y 8 *confiamos, y* más *quisiéramos estar ausentes del cuerpo, y presentes al Señor*
Apocalipsis 21:4 *enjugará Dios toda lágrima de los ojos de ellos; y ya no habrá muerte, ni habrá más llanto, ni clamor, ni dolor*

(Para textos adicionales véanse los estudios 20 y 69).

71. ALGUNOS MANDAMIENTOS EN EL NUEVO TESTAMENTO

Mateo 5:16 *alumbre vuestra luz delante de los hombres*
5:37 *sea vuestro hablar: Sí, sí; no, no*
5:39 *a cualquiera que te hiera en la mejilla derecha, vuélvete también la otra*
5:42 *al que te pida, dale*
5:48 *sed, pues, vosotros perfectos*
6:25 *no os afanéis por vuestra vida*
6:33 *buscad primeramente el reino de Dios*
7:7 *pedid . . . buscad . . . llamad*
9:38 *rogad . . . al Señor . . . que envíe obreros a su mies*
16:24 *niéguese a sí mismo, y tome su cruz*
22:21 *Dad, pues, a César lo que es de César, y a Dios lo que es de Dios*
26:41 *velad y orad*
28:19, 20 *id, y haced discípulos a todas las naciones*
Marcos 11:22 *tened fe en Dios*
Lucas 12:33 *vended lo que poseéis, y dad limosna*
14:13, 14 *cuando hagas banquete, llama a los pobres*
17:3, 4 *si tu hermano pecare contra ti . . . perdónale*
Juan 13:34 *os améis unos a otros*
14:27 *no se turbe vuestro corazón*
Romanos 12:9 *el amor sea sin fingimiento*
12:10 *prefiriéndoos los unos a los otros*
12:12 *constantes en la oración*
13:1 *sométase toda persona a las autoridades superiores*
13:7 *pagad . . . impuestos*
13:8 *no debáis a nadie nada*
14:13 *no nos juzguemos más los unos a los otros*
1 Corintios 14:1 *procurad los dones espirituales*
2 Corintios 6:14 *no os unáis en yugo desigual*
Gálatas 5:16 *andad en el Espíritu*
6:2 *sobrellevad los unos las cargas de los otros*

Efesios 4:25 *hablad verdad cada uno con su prójimo*
   5:25 *amad a vuestras mujeres*
Filipenses 2:5 *haya . . . en vosotros este sentir que hubo en Jesús*
   4:4-7 *regocijaos en el Señor siempre*
1 Tesalonicenses 5:12-22 *estad siempre gozosos, orad sin cesar*
1 Timoteo 2:1-4 *se hagan rogativas, oraciones . . . por reyes*
2 Timoteo 2:16 *evita profanas y vanas palabrerías*
Hebreos 13:2, 3 *no os olvidéis de la hospitalidad . . . Acordaos de los presos*
Santiago 1:5, 6 *si . . . tiene falta de sabiduría, pídala a Dios*
   4:7 *resistid al diablo*
1 Pedro 3:7 *maridos . . . vivid sabiamente con ellas*
   5:7 *echando toda vuestra ansiedad sobre él*
1 Juan 2:6 *andar como él anduvo*
   2:15 *no améis al mundo*
   2:28 *permaneced en él*
   3:11 *nos amemos unos a otros*
   3:18 *no amemos de palabra . . . sino, de hecho*

72. ALGUNAS PROMESAS DE LA BIBLIA

1 Pedro 3:13 *esperamos, según sus promesas, cielos nuevos y tierra nueva, en los cuales mora la justicia*
1 Juan 1:7 *si andamos en luz, como él está en luz, tenemos comunión unos con otros, y la sangre de Jesucristo su Hijo nos limpia de todo pecado*
Hechos 2:38 *arrepentíos y bautícese . . . y recibiréis el don del Espíritu Santo*
Juan 3:16 *todo aquel que en él cree, no se pierda, mas tenga vida eterna*
Proverbios 11:25 *el alma generosa será prosperada; y el que saciare, él también será saciado*

Salmos 1:1-3 *bienaventurado el varón que no anduvo en consejo de malos . . . será como árbol plantado junto a corrientes de aguas*
Proverbios 28:13 *el que encubre sus pecados no prosperará; mas el que los confiesa y se aparta, alcanzará misericordia*
    22:6 *instruye al niño en su camino, y aun cuando fuere viejo no se apartará de él*
    23:13 *no rehúses corregir al muchacho; porque si lo castigas con vara, no morirá*
Mateo 5:1-12 *bienaventurados los pobres en espíritu, porque de ellos es el reino de los cielos*
Apocalipsis 3:20 *yo estoy a la puerta y llamo; si alguno oye mi voz y abre la puerta, entraré a él, y cenaré con él*
Santiago 1:5 *si alguno de vosotros tiene falta de sabiduría, pídala a Dios, el cual da a todos abundantemente*
1 Corintios 9:6-10 *el que siembra generosamente, generosamente también segará*
Romanos 8:18 *tengo por cierto que las aflicciones del tiempo presente no son comparables con la gloria venidera que en nosotros ha de manifestarse*
    8:1 *ninguna condenación hay para los que están en Cristo Jesús*
Juan 14:2 *en la casa de mi Padre muchas moradas hay. . . voy, pues, a preparar lugar para vosotros*
    10:27-29 *mis ovejas oyen mi voz . . . y nadie las puede arrebatar de la mano de mi Padre*
    7:37-39 *de su interior correrán ríos de agua viva. Esto dijo del Espíritu que habían de recibir los que creyesen en él*
Lucas 18:15-17 *dejad a los niños venir a mí, y no se lo impidáis; porque de los tales es el reino de Dios*
    9:24 *todo el que quiera salvar su vida, la perderá; y todo el que pierda su vida por causa de mí, éste la salvará*
Isaías 48:18 *¡Oh, si hubieras atendido a mis mandamientos! Fuera entonces tu paz como un río*

55:7 *deje el impío su camino . . . y vuélvase a Jehová . . . el cual será amplio en perdonar*
Juan 12:24-26 *si el grano de trigo no cae en la tierra y muere, queda solo; pero si muere, lleva mucho fruto . . . si alguno me sirviere, mi Padre le honrará*
Mateo 6:33 *buscad primeramente el reino de Dios, y su justicia, y todas estas cosas os serán añadidas*
Hechos 1:8 *recibiréis poder, cuando haya venido sobre vosotros el Espíritu Santo, y me seréis testigos*
1:11 *este mismo Jesús, que ha sido tomado de vosotros al cielo, así vendrá como le habéis visto ir al cielo*
Juan 15:7 *si permanecéis en mí . . . pedid todo lo que queréis, y os será hecho*

ALGUNAS PROMESAS A LOS QUE PREDICAN

Gálatas 6:9 *no nos cansemos, pues, de hacer bien; porque a su tiempo segaremos, si no desmayamos*
Salmos 126:5, 6 *los que sembraron con lágrimas, con regocijo segarán. Irá andando y llorando el que lleva la preciosa semilla; mas volverá a venir con regocijo, trayendo sus gavillas*
1 Corintios 15:58 *estad firmes y constantes . . . sabiendo que vuestro trabajo en el Señor no es en vano*
Isaías 55:11 *así será mi palabra que sale de mi boca; no volverá a mí vacía, sino que hará lo que yo quiero*
Mateo 28:19, 20 *por tanto, id . . . y he aquí yo estoy con vosotros todos los días, hasta el fin del mundo*

ALGUNAS PROMESAS A LOS AFLIGIDOS

Isaías 59:1 *no se ha acortado la mano de Jehová para salvar*
Mateo 11:28-30 *venid a mí todos los que estáis trabajados y cargados, y yo os haré descansar*

Isaías 41:10 *no temas, porque yo estoy contigo; no desmayes, porque yo soy tu Dios que te esfuerzo; siempre te ayudaré*
Romanos 8:28 *a los que aman a Dios, todas las cosas les ayudan a bien*

ALGUNAS PROMESAS A LOS VENCEDORES

Apocalipsis 21:7 *el que venciere heredará todas las cosas*
   2:10 *sé fiel hasta la muerte, y yo te daré la corona de la vida*
   3:5 *el que venciere será vestido de vestiduras blancas; y no borraré su nombre del libro de la vida*
Mateo 34:13 *el que persevere hasta el fin, éste será salvo*

ALGUNAS PROMESAS A LOS TENTADOS

1 Corintios 10:13 *no os ha sobrevenido ninguna tentación que no sea humana; pero fiel es Dios, que no os dejará ser tentados más de lo que podéis resistir, sino que dará también juntamente con la tentación la salida*
   12:9 *bástate mi gracia; porque mi poder se perfecciona en la debilidad*
2 Timoteo 4:18 *el Señor me librará de toda obra mala, y me preservará para su reino celestial*
Hebreos 2:18 *en cuanto él mismo padeció siendo tentado,*
es poderoso para socorrer a los que son tentados

73. ALGUNAS PRUEBAS QUE SOMOS DE DIOS

Juan 8:47 *el que es de Dios, las palabras de Dios oye*
Hebreos 12:6 *el Señor al que ama, disciplina, y azota a todo el que recibe por hijo*
Lucas 12:34 *donde está vuestro tesoro, allí estará también vuestro corazón*
   6:45 *de la abundancia del corazón habla la boca*

1 Juan 1:7 *si andamos en luz, como él está en luz, tenemos comunión unos con otros*
   2:3 y 5:3 *en esto sabemos que nosotros le conocemos, si guardamos sus mandamientos . . . y sus mandamientos no son gravosos*
   2:6 *el que dice que permanece en él, debe andar como él anduvo*
   2:9 *el que dice que está en la luz, y aborrece a su hermano, está todavía en tinieblas*
   2:15 *no améis al mundo, ni las cosas que están en el mundo. Si alguno ama al mundo, el amor del Padre no está en él*
   3:3 *todo aquel que tiene esta esperanza en él, se purifica a sí mismo, así como él es puro*
   3:14 y 16 *nosotros sabemos que hemos pasado de muerte a vida, en que amamos a los hermanos. El que no ama a su hermano, permanece en muerte*
   Mateo 7:15-23 *no todo el que me dice: Señor, Señor, entrará en el reino de los cielos, sino el que hace la voluntad de mi Padre que está en los cielos*

(Para textos adicionales véase el estudio 77).

74. EL SER FIEL A LA SANA DOCTRINA

Efesios 4:14-16 *no seamos niños fluctuantes, llevados por doquiera de todo viento de doctrina*
Mateo 7:24 y 29 *cualquiera . . . que me oye . . . le compararé a un hombre . . . que edificó su casa sobre la roca*
   7:15-20 *guardaos de los falsos profetas, que vienen a vosotros con vestidos de ovejas, pero por dentro son lobos rapaces. Por sus frutos los conoceréis*
Romanos 16:17 *que os fijéis en los que causan divisiones y tropiezos en contra de la doctrina que vosotros habéis aprendido*

Hebreos 13:9 *no os dejéis llevar de doctrinas diversas y extrañas; porque buena cosa es afirmar el corazón con la gracia*
1 Juan 9 *cualquiera que se extravía, y no persevera en la doctrina de Cristo, no tiene a Dios; el que persevera en la doctrina de Cristo, ése sí tiene al Padre y al Hijo*
Tito 2:1 *pero tú habla lo que está de acuerdo con la sana doctrina*
2 Tesalonicenses 2:15 *así que, hermanos, estad firmes, y retened la doctrina que habéis aprendido*
Gálatas 5:7, 8 *vosotros corríais bien; ¿quién os estorbó para no obedecer a la verdad? Esta persuasión no procede de aquel que os llama*
1 Juan 4:1 *amados, no creáis a todo espíritu, sino probad los espíritus si son de Dios; porque muchos falsos profetas han salido por el mundo*
Filipenses 3:2, 3 *guardaos de los perros, guardaos de los malos obreros . . . porque nosotros somos la circuncisión, los que en espíritu servimos a Dios*
1 Juan 2:18-20 *ya es el último tiempo; y según vosotros oísteis que el anticristo viene, así ahora han surgido muchos anticristos*
1 Tesalonicenses 5:20, 21 *examinadlo todo; retened lo bueno*
Judas 3, 4 *contendáis ardientemente por la fe que ha sido una vez dada a los santos*
Gálatas 1:6-9 *si alguno os predica diferente evangelio del que habéis recibido, sea anatema*
    2:4 *los falsos hermanos introducidos a escondidas, que entraban para espiar nuestra libertad que tenemos en Cristo Jesús, para reducirnos a esclavitud*

75. EL MIRAR ATRÁS

1 Timoteo 4:1 *el Espíritu dice claramente que en los postreros tiempos algunos apostatarán de la fe*

Ezequiel 18:24 *si el justo se apartare de su justicia y cometiere maldad, e hiciere conforme a todas las abominaciones que el impío hizo, ¿ vivirá él?*
Hebreos 10:26, 27 *si pecáremos voluntariamente después de haber recibido el conocimiento de la verdad, ya no queda más sacrificio por los pecados, sino una horrenda expectación de juicio, y de hervor de fuego que ha de devorar a los adversarios*
   3:12 *mirad, hermanos, que no haya en ninguno de vosotros corazón malo de incredulidad para apartarse del Dios vivo*
Mateo 24:12 *por haberse multiplicado la maldad, el amor de muchos se enfriará*
Lucas 9:62 *ninguno que poniendo su mano en el arado mira hacia atrás, es apto para el reino de Dios*
1 Corintios 9:24-27 *golpeo mi cuerpo, y lo pongo en servidumbre, no sea que, habiendo sido heraldo para otros, yo mismo venga a ser eliminado*

76. EL ESTAR VIGILANTE

1 Tesalonicenses 5:5, 6 *vosotros sois hijos de luz e hijos del día . . . por tanto, no durmamos como los demás, sino velemos y seamos sobrios*
1 Pedro 4:7 *el fin de todas las cosas se acerca; sed, pues, sobrios, y velad en oración*
Efesios 6:18 *orando en todo tiempo con toda oración y súplica en el Espíritu, y velando en ello con toda perseverancia*
Lucas 21:36 *velad, pues, en todo tiempo orando que seáis tenidos por dignos de escapar de todas estas cosas que vendrán*
1 Corintios 16:13 *velad, estad firmes en la fe; portaos varonilmente, y esforzaos*
   10:12 *el que piensa estar firme, mire que no caiga*
Mateo 25:13 *velad, pues, porque no sabéis el día ni la hora en que el Hijo del Hombre ha de venir*

26:41 *velad y orad, para que no entréis en tentación; el espíritu a la verdad está dispuesto, pero la carne es débil*
1 Pedro 5:8 *sed sobrios, y velad; porque vuestro adversario el diablo, como león rugiente, anda alrededor buscando a quien devorar*

(Para textos adicionales véanse los estudios 19 y 75).

77. EL EXAMINARSE A SÍ MISMO

1 Corintios 13:5 *examinaos a vosotros mismos si estáis en la fe; probaos a vosotros mismos*
    11:31 *si pues, nos examinásemos a nosotros mismos, no seríamos juzgados*
Proverbios 4:26 *examina la senda de tus pies*
Efesios 5:15 *mirad, pues, con diligencia cómo andéis, no como necios, sino como sabios*
Mateo 7:1-5 *saca primero la viga de tu propio ojo, y entonces verás bien para sacar la paja del ojo de tu hermano*
Gálatas 6:1 *si alguno fuere sorprendido en alguna falta, vosotros que sois espirituales, restauradle con espíritu de mansedumbre, considerándote a ti mismo, no sea que tú también seas tentado*

(Para textos adicionales véase el estudio 73).

78. EL VIVIR EN PAZ CON TODOS

Romanos 12:18 *en cuanto dependa de vosotros, estad en paz con todos*
    14:19 *así que, sigamos lo que contribuye a la paz y a la mutua edificación*
Hebreos 12:14 *seguid la paz con todos, y la santidad, sin la cual nadie verá al Señor*
Salmos 34:14 *busca la paz, y síguela*

Mateo 5:23, 24 *si traes tu ofrenda al altar, y allí te acuerdas de que tu hermano tiene algo contra ti, deja allí tu ofrenda delante del altar, y anda, reconcíliate primero con tu hermano*
1 Corintios 13:11 *tened gozo, perfeccionaos, consolaos, sed de un mismo sentir, y vivid en paz; y el Dios de paz y de amor estará con vosotros*
Romanos 10:15 *¡cuán hermosos son los pies de los que anuncian la paz!*
Mateo 5:9 *bienaventurados los pacificadores, porque ellos serán llamados hijos de Dios*

(Para textos adicionales véase el estudio 45).

79. LA CONVERSACIÓN

Colosenses 4:6 *sea vuestra palabra siempre con gracia, sazonada con sal, para que sepáis cómo debéis responder a cada uno*
Éxodo 20:7 *no tomarás el nombre de Jehová tu Dios en vano; porque no dará por inocente Jehová al que tomare su nombre en vano*
Santiago 5:12 *no juréis, ni por el cielo, ni por la tierra, ni por ningún otro juramento; sino que vuestro sí sea sí y vuestro no sea no, para que no caigáis en condenación*
Lucas 6:45 *de la abundancia del corazón habla la boca*
1 Corintios 15:33 *no erréis; las malas conversaciones corrompen las buenas costumbres*
Proverbios 17:28 *aun el necio, cuando calla, es contado por sabio; el que cierra sus labios es entendido*
    10:19 *en las muchas palabras no falta pecado; mas el que refrena sus labios es prudente*

(Para textos adicionales véase el estudio 37).

80. LA OBEDIENCIA

Mateo 7:21 *no todo el que me dice: Señor, Señor, entrará en el reino de los cielos, sino el que hace la voluntad de mi Padre que está en los cielos*
1 Samuel 15:22 *ciertamente el obedecer es mejor que los sacrificios*
Hechos 5:29 *es necesario obedecer a Dios antes que a los hombres*
   5:32 *el Espíritu Santo, el cual ha dado Dios a los que le obedecen*
Deuteronomio 28:15-20 *si no oyeres la voz de Jehová tu Dios, para procurar cumplir todos sus mandamientos y sus estatutos que yo te intimo hoy, que vendrán sobre ti todas estas maldiciones, y te alcanzarán*
Santiago 1:22-25 *sed hacedores de la palaba, y no tan solamente oidores, engañándoos a vosotros mismos*
Hebreos 12:9 *¿ por qué no obedeceremos mucho mejor al Padre de los espíritus, y viviremos ?*
Lucas 6:46 *¿por qué me llamáis, Señor, Señor, y no hacéis lo que yo digo?*

81. LA OBEDIENCIA INMEDIATA

Hechos 9:3-6 y 18 *Saulo . . . temblando . . . dijo: Señor, ¿qué quieres que yo haga? . . . y levantándose, fue bautizado*
Mateo 4:18-20 *Jesús les dijo: venid en pos de mí, y os haré pescadores de hombres. Ellos entonces, dejando al instante las redes, le siguieron*
   9:9 *pasando Jesús de allí, vio a un hombre llamado Mateo, que estaba sentado al banco de los tributos públicos, y le dijo: Sígueme. Y se levantó y le siguió*
Hechos 16:27-33 *señores, ¿qué debo hacer para ser salvo? . . . y él, tomándolos en aquella misma hora de la noche, les lavó las heridas; y en seguida se bautizó él con todos los suyos*

Lucas 9:59-62 *ninguno que poniendo su mano en el arado mira hacia atrás, es apto para el reino de Dios*

82. LA FE

Hebreos 11:1 *tener fe, pues, es tener la completa seguridad de recibir lo que esperamos, y estar perfectamente convencidos de que algo que no vemos es la realidad* (VP)
Mateo 8:26 *¿por qué teméis, hombre de poca fe?*
Marcos 11:22 *Jesús les dijo: tened fe en Dios*
Lucas 17:5, 6 *dijeron los apóstoles al Señor: auméntanos la fe. Entonces el Señor dijo: si tuvierais fe como un grano de mostaza, podríais decir a este sicómoro: desarráigate, y plántate en el mar; y os obedecería*
Lucas 18:8 *cuando venga el Hijo . . . ¿ hallará fe en la tierra ?*
1 Corintios 16:13 *velad, estad firmes en la fe*
2 Corintios 5:7 *por fe andamos, no por vista*
Hechos 14:22 *confirmando los ánimos de los discípulos, exhortándoles a que permaneciesen en la fe*
Gálatas 3:11 *el justo por la fe vivirá*

82. EL AMOR, PRUEBA DE UN DISCÍPULO

Juan 13:35 *en esto conocerán todos que sois mis discípulos, si tuviereis amor los unos con los otros*
1 Juan 2:10 *el que ama a su hermano, permanece en la luz, y en él no hay tropiezo*
Gálatas 5:22 *el fruto del Espíritu es amor*
1 Corintios 13:1-13 *si yo hablase lenguas humanas y angélicas, y no tengo amor, vengo a ser como metal que resuena, o címbalo que retiñe. Y si tuviese profecía . . . y no tengo amor, nada soy*
Efesios 5:2 *andad en amor, como también Cristo nos amó*

Juan 17:26 *les he dado a conocer tu nombre, y lo daré a conocer aún, para que el amor con que me has amado esté en ellos, y yo en ellos*
   15:12 *éste es mi mandamiento: que os améis unos a otros, como yo os he amado*
1 Juan 4:7, 8 *todo aquel que ama, es nacido de Dios, y conoce a Dios. El que no ama, no ha conocido a Dios; porque Dios es amor*

83. EL PERDONAR

Mateo 6:14,15 *si perdonáis a los hombres sus ofensas, os perdonará también a vosotros vuestro Padre celestial; mas si no perdonáis a los hombres sus ofensas, tampoco vuestro Padre os perdonará vuestras ofensas*
Efesios 4:32 *sed benignos unos con otros, misericordiosos, perdonándoos unos a otros, como Dios también os perdonó a vosotros en Cristo*
Colosenses 3:13 *soportándoos unos a otros, y perdonándoos unos a otros si alguno tuviere queja contra otro*
Lucas 23:34 *Jesús decía: Padre, perdónalos, porque no saben lo que hacen*
Mateo 18:34, 35 *entonces su señor, enojado, les entregó a los verdugos, hasta que pagase todo lo que le debía. Así también mi Padre celestial hará con vosotros si no perdonáis de todo corazón cada uno a su hermano sus ofensas*
Proverbios 19:11 *la cordura del hombre detiene su furor, y su honra es pasar por alto la ofensa*
Marcos 11:25, 26 *cuando estéis orando, perdonad, si tenéis algo contra alguno, para que también vuestro Padre que está en los cielos os perdone a vosotros vuestras ofensas*
Lucas 17:3, 4 *si tu hermano pecare contra ti, repréndele; y si se arrepintiere, perdónale. Y si siete veces al día*

pecare contra ti, y siete veces al día volviere a ti, diciendo: me arrepiento; perdónale
1 Pedro 4:8 *tened entre vosotros ferviente amor; porque el amor cubrirá multitud de pecados*

85. LA LUCHA ESPIRITUAL DE LOS SANTOS

Efesios 6:10-20 *no tenemos lucha contra sangre y carne, sino contra principados, contra potestades, contra los gobernadores de las tinieblas de este siglo, contra huestes espirituales de maldad en las regiones celestes*
Hechos 26:18 *para que se conviertan de las tinieblas a la luz, y de la potestad de Satanás a Dios*
1 Corintios 4:4 *el dios de este siglo cegó el entendimiento de los incrédulos*
2 Timoteo 4:7, 8 *he peleado la buena batalla*
 2:3, 4 *sufre penalidades como buen soldado de Jesucristo. Ninguno que milita se enreda en los negocios de la vida, a fin de agradar a aquel que lo tomó por soldado*
1 Pedro 5:8 *sed sobrios, y velad; porque vuestro adversario el diablo, como león rugiente, anda alrededor buscando a quien devorar*
Colosenses 1:29 *también trabajo, luchando según la potencia de él, la cual actúa poderosamente en mí*
1 Corintios 10:3, 4 *no militamos según la carne; porque las armas de nuestra milicia no son carnales, sino poderosas en Dios para la destrucción de fortalezas, derribando argumentos y toda altivez que se levanta contra el conocimiento de Dios*

(Para textos adicionales véase el estudio 32).

86. LA RESPONSABILIDAD PERSONAL DEL CREYENTE HACIA LOS PERDIDOS

Romanos 1:14, 15 *a griegos y a no griegos, a sabios y a no sabios soy deudor. Así que, en cuanto a mí, pronto estoy a anunciaros el evangelio*
Hechos 4:20 *no podemos dejar de decir lo que hemos visto y oído*
1 Corintios 9:16-19 *pues si anuncio el evangelio, no tengo por qué gloriarme; porque me es impuesta necesidad; y ¡ay de mi si no anunciare el evangelio! . . . me he hecho siervo de todos para ganar a mayor número*
Jeremías 20:9 *y dije: no me acordaré más de él, ni hablaré más en su nombre; no obstante, había en mi corazón como un fuego ardiente metido en mis huesos*
Lucas 6:45 *de la abundancia del corazón habla la boca*
Ezequiel 3:18, 19 *cuando yo dijere al impío: de cierto morirás; y tú no le amonestares ni le hablares, para que el impío sea apercibido de su mal camino a fin de que viva, el impío morirá por su maldad, pero su sangre demandaré de tu mano*

(Para textos adicionales véase el estudio 29).

87. LA ORACIÓN INTERCESORA

Colosenses 4:2-4 *perseverad en la oración . . . orando . . . por nosotros, para que el Señor nos abra puerta para la palabra*
1 Corintios 1:11 *cooperando también vosotros a favor nuestro con la oración*
1 Tesalonicenses 5:25 *hermanos, orad por nosotros*
Hechos 12:3-17 *Pedro estaba custodiado en la cárcel; pero la iglesia hacía sin cesar oración a Dios por él*
1 Tesalonicenses 3:1 *orad por nosotros, para que la palabra del Señor corra y sea glorificada, así como lo fue entre vosotros*

Colosenses 1:9, 10 *desde el día que la oímos, no cesamos de orar por vosotros, y de pedir que seáis llenos del conocimiento*
Mateo 5:44 *orad por los que os ultrajan y os persiguen*
1 Timoteo 2:1, 2 *exhorto, ante todo, a que se hagan rogativas, oraciones, peticiones y acciones de gracias, por todos los hombres; por los reyes y por todos los que están en eminencia*
Santiago 5:14-18 *la oración eficaz del justo puede mucho*

88. EL ORAR POR LOS ENFERMOS

Santiago 5:13-16 *¿está alguno enfermo entre vosotros? Llame a los ancianos de la iglesia, y oren por él, ungiéndole con aceite en el nombre del Señor. Y la oración de fe salvará al enfermo*
1 Corintios 12:6-10 *a cada uno le es dada la manifestación del Espíritu . . . dones de sanidades . . .*
Mateo 4:23 *y recorrió Jesús toda Galilea, enseñando . . . y sanando toda enfermedad y toda dolencia en el pueblo*
    14:14 *saliendo Jesús, vio una gran multitud, y tuvo compasión de ellos, y sanó a los que de ellos estaban enfermos*
Marcos 16:17, 18 *estas señales seguirán a los que creen . . . sobre los enfermos pondrán sus manos, y sanarán*
Hechos 14:9, 10 *Pablo . . . viendo que tenía fe para ser sanado, dijo . . . Levántate derecho sobre tus pies. Y él saltó, y anduvo*
Marcos 9:14-29 *Jesús le dijo: si puedes creer, al que cree todo le es posible . . . el padre . . . dijo: creo, ayuda mi incredulidad*

89. LAS ALABANZAS

Apocalipsis 5:13 *al Cordero, sea la alabanza, la honra, la gloria*

1:5, 6 *al que nos amó, y nos lavó de nuestros pecados con su sangre . . . a él sea gloria e imperio por los siglos*
Salmos 67:3, 4 *te alaben los pueblos, oh, Dios; todos los pueblos te alaben*
   57:11 *exaltado seas sobre los cielos, oh, Dios; sobre toda la tierra sea tu gloria*
Efesios 5:19, 20 *hablando entre vosotros con salmos, con himnos y cánticos espirituales, cantando y alabando al Señor*
Apocalipsis 19:5 *alabad a nuestro Dios todos sus siervos*
Salmos 86:12 *te alabaré, oh, Jehová Dios mío, con todo mi corazón, y glorificaré tu nombre para siempre*
   92:1 *bueno es alabarte, oh, Jehová, y cantar salmos a tu nombre, oh, Altísimo*
Hebreos 13:15 *ofrezcamos siempre a Dios, por medio de él, sacrificio de alabanza, es decir, fruto de labios que confiesen su nombre*

90. EL QUEBRANTAMIENTO PERSONAL

Salmos 34:18 *cercano está Jehová a los quebrantados de corazón; y salva a los contritos de espíritu*
   139:23, 24 *examíname, oh, Dios, y conoce mi corazón; pruébame y conoce mis pensamientos; y ve si hay en mí camino de perversidad, y guíame en el camino eterno*
   51:1-4 *ten piedad de mí, oh, Dios, conforme a tu misericordia; conforme a la multitud de tus piedades borra mis rebeliones. Lávame más y más de mi maldad, y límpiame de mi pecado. Porque yo reconozco mis rebeliones*
1 Crónicas 7:14 *si se humillare mi pueblo . . . y oraren, y buscaren mi rostro, y se convirtieren de sus malos caminos; entonces yo oiré desde los cielos, y perdonaré sus pecados, y sanaré su tierra*
Isaías 66:2 *miraré a aquel que es pobre y humilde de espíritu, y que tiembla a mi palabra*

91. EL LLAMAMIENTO CELESTIAL

Hebreos 3:1 *por tanto, hermanos santos, participantes del llamamiento celestial, considerad al apóstol y sumo sacerdote de nuestra profesión, Cristo*
2 Timoteo 1:8, 9 *no te avergüences de dar testimonio de nuestro . . . Dios, quien nos salvó y llamó con llamamiento santo*
Colosenses 3:1-4 *buscad las cosas de arriba, donde está Cristo sentado a la diestra de Dios. Poned la mira en las cosas de arriba, no en las de la tierra*
2 Tesalonicenses 1:11 *oramos siempre por vosotros, para que nuestro Dios os tenga por dignos de su llamamiento*
Filipenses 3:14 *prosigo a la meta, al premio del supremo llamamiento de Dios en Cristo Jesús*
   3:20, 21 *mas nuestra ciudadanía está en los cielos*

92. LAS AUTORIDADES

1 Pedro 2:13-17 *por causa del Señor someteos a toda institución humana, ya sea al rey, como a superior, ya a los gobernadores, como por él enviados para castigo de los malhechores*
Tito 3:1 *recuérdales que se sujeten a los gobernantes y autoridades, que obedezcan*
1 Timoteo 2:1, 2 *exhorto, ante todo, a que se hagan rogativas . . . por los reyes y por todos los que están en eminencia*
Mateo 22:15-22 *dad, pues, a César lo que es de César, y a Dios lo que es de Dios*
Romanos 13:1-7 *sométase toda persona a las autoridades superiores; porque no hay autoridad sino de parte de Dios, y las que hay, por Dios han sido establecidas*

93. LOS EMPLEADOS Y PATRONES

EMPLEADOS

Efesios 6:5-8 *siervos, obedeced a vuestros amos terrenales . . . con sencillez de vuestro corazón, como a Cristo . . . sirviendo de buena voluntad, como al Señor y no a los hombres*
Colosenses 3:22-25 *siervos, obedeced en todo a vuestros amos terrenales, no sirviendo al ojo, como los que quieren agradar a los hombres, sino con corazón sincero, temiendo a Dios*
Tito 2:9, 10 *exhorta a los siervos a que se sujeten a sus amos, que agraden en todo, que no sean respondones*
1 Pedro 2:18, 19 *criados, estad sujetos con todo respeto a vuestros amos; no solamente a los buenos y afables, sino también a los difíciles de soportar*
1 Timoteo 6:1, 2 *todos los que están bajo el yugo de esclavitud, tengan a sus amos por dignos de todo honor, para que no sea blasfemado el nombre de Dios . . . y los que tienen amos creyentes, no los tengan en menos por ser hermanos, sino sírvanles mejor, por cuanto son creyentes y amados los que se benefician de su buen servicio*

PATRONES

Efesios 6:9 *vosotros, amos, haced con ellos lo mismo, dejando las amenazas, sabiendo que el Señor de ellos y vuestro está en los cielos, y que para él no hay acepción de personas*
Deuteronomio 24:14, 15 *no oprimirás al jornalero pobre y menesteroso, ya sea de tus hermanos o de los extranjeros . . . en su día le darás su jornal, y no se pondrá el sol sin dárselo; pues es pobre, y con él sustenta su vida*
Malaquías 3:5 *vendré a vosotros para juicio; y seré pronto testigo contra los . . . que defraudan en su salario al jornalero*

Jeremías 22:13 *¡ay del que edifica su casa sin justicia . . . sirviéndose de su prójimo de balde, y no dándole el salario de su trabajo*
Colosenses 4:1 *amos, haced lo que es justo y recto con vuestros siervos, sabiendo que también vosotros tenéis un Amo en los cielos*
Santiago 5:1-6 *¡vamos ahora, ricos! . . . he aquí, clama el jornal de los obreros que han cosechado vuestras tierras, el cual por engaño no les ha sido pagado por vosotros; y los clamores de los que habían segado han entrado en los oídos del Señor de los ejércitos*

94. EL AMOR DE DIOS

1 Juan 4:8-10, 16, 19 *el que no ama, no ha conocido a Dios; porque Dios es amor*
1 Pedro 3:9 *el Señor . . . es paciente para con nosotros, no queriendo que ninguno perezca, sino que todos proceden al arrepentimiento*
Juan 3:16 *de tal manera amó Dios al mundo, que ha dado a su Hijo unigénito, para que todo aquel que en él cree, no se pierda, mas tenga vida eterna*
Romanos 5:8 *Dios muestra su amor para con nosotros, en que, siendo aún pecadores, Cristo murió por nosotros*
Juan 13:1 *Jesús . . . como había amado a los suyos que estaban en el mundo, los amó hasta el fin*
Apocalipsis 1:5 *Jesucristo . . . nos amó, y nos lavó de nuestros pecados con su sangre*
Jeremías 31:3 *Jehová se manifestó a mí hace ya mucho tiempo, diciendo: con amor eterno te he amado*

95. EL PODER DE DIOS

Mateo 28:18 *Jesús . . . les habló diciendo: Toda potestad me es dada en el cielo y en la tierra*
9:6 *el Hijo del Hombre tiene potestad en la tierra para perdonar pecados*

Romanos 1:16 *no me avergüenzo del evangelio, porque es poder de Dios para salvación a todo aquel que cree*
1 Corintios 4:20 *el reino de Dios no consiste en palabras, sino en poder*
   1:18 *la palabra de la cruz es locura a los que se pierden; pero a los que se salvan . . . es poder de Dios*
Lucas 9:1 *habiendo reunido a sus doce discípulos, les dio poder y autoridad sobre todos los demonios, y para sanar enfermedades*
Hechos 1:8 *recibiréis poder, cuando haya venido sobre vosotros el Espíritu Santo, y me seréis testigos . . . hasta lo último de la tierra*
   4:33 *con gran poder los apóstoles daban testimonio*
Romanos 15:13 *el Dios de esperanza os llene de todo gozo y paz en el creer, para que abundéis en esperanza por el poder del Espíritu Santo*
1 Timoteo 1:7 *no nos ha dado Dios espíritu de cobardía, sino de poder, de amor y de dominio propio*
Marcos 13:26 *entonces verán al Hijo del Hombre, que vendrá en las nubes con gran poder y gloria*

96. LA OBRA DEL ESPÍRITU SANTO

Juan 14:16, 17 *yo rogaré al Padre, y os dará otro Consolador, para que esté con vosotros para siempre*
Efesios 4:30 *no contristéis al Espíritu Santo de Dios, con el cual fuisteis sellados*
Romanos 8:26 *el Espíritu nos ayuda en nuestra debilidad; pues qué hemos de pedir como conviene, no Jo sabemos, pero el Espíritu mismo intercede por nosotros con gemidos indecibles*
Juan 16:7, 8 *el Consolador . . . cuando él venga, convencerá al mundo de pecado, de justicia*
Hechos 1:8 *recibiréis poder, cuando haya venido sobre vosotros el Espíritu Santo, y me seréis testigos*
   2:16-21 *derramaré de mi Espíritu, y profetizarán*

Ezequiel 36:27 *pondré dentro de vosotros mi Espíritu, y haré que andéis en mis estatutos, y guardéis mis preceptos*
1 Corintios 12:7-11 *pero a cada uno Je es dada la manifestación del Espíritu para provecho . . . pero todas estas cosas las hace uno y el mismo Espíritu, repartiendo a cada uno en particular como él quiere*
Juan 14:26 *mas el Consolador, el Espíritu Santo, a quien el Padre enviará en mi nombre, él os enseñará todas las cosas*
Mateo 10:19, 20 *cuando os entreguen, no os preocupéis por cómo o qué hablaréis . . . porque no sois vosotros los que habláis, sino el Espíritu de vuestro Padre que habla en vosotros*

97. EL BUSCAR A DIOS

Jeremías 29:13 *me buscaréis y me hallaréis, porque me buscaréis de todo vuestro corazón*
Isaías 55:6 *buscad a Jehová mientras puede ser hallado, llamadle en tanto que está cercano*
Hechos 17:27 *para que busquen a Dios, si en alguna manera, palpando, puedan hallarle, aunque cierta- mente no está lejos de cada uno de nosotros*
Lucas 12:31 *mas buscad el reino de Dios, y todas estas cosas os serán añadidas*
1 Crónicas 15:15 *de toda su voluntad lo buscaban, y fue hallado de ellos; y Jehová les dio paz por todas partes*

98. NADIE PUEDE OCULTARSE DE LA PRESENCIA DE DIOS

Proverbios 15:3 *los ojos de Jehová están en todo lugar, mirando a los malos y a los buenos*
Lucas 8:17 *porque nada hay oculto, que no haya de ser conocido, y de salir a luz*
Job 34:21, 22 *porque sus ojos están sobre los caminos del hombre, y ve todos sus pasos. No hay tinieblas ni sombra de muerte donde se escondan los que hacen maldad*

Salmos 139:1-12 *¿a dónde huiré de tu presencia?*
Jeremías 23:24 *¿ se ocultará alguno, dice Jehová, en escondrijos que yo no lo vea? ¿No lleno yo, dice Jehová, el cielo y la tierra?*
Hebreos 4:13 *no hay cosa creada que no sea manifiesta en su presencia; antes bien todas las cosas están desnudas y abiertas a los ojos de aquel a quien tenemos que dar cuenta*
2 Crónicas 16:9 *los ojos de Jehová contemplan toda la tierra, para mostrar su poder a favor de los que tienen corazón perfecto para con él*

99. LOS SUFRIMIENTOS DE JESÚS

Isaías 53:1-12 *ciertamente llevó él nuestras enfermedades, y sufrió nuestros dolores . . . mas él herido fue por nuestras rebeliones, molido por nuestros pecados*
Salmos 22:1-21 *Dios mío, Dios mío, ¿por qué me has desamparado?*
Mateo 27:32-56 (crucifixión y muerte de Jesús)
Juan 18:1-11 (arresto de Jesús)
   19:1-37 (Jesús ante Pilato y su crucifixión)
Mateo 26:36-46 (Jesús ora en Getsemaní)
Hebreos 12:2, 3 *puestos los ojos en Jesús . . . el cual por el gozo puesto delante de él sufría la cruz*
   13:11-14 *Jesús, para santificar al pueblo mediante su propia sangre, padeció fuera de la puerta*

100. LA EXPIACIÓN POR LA SANGRE DE CRISTO

1 Pedro 1:18, 19 *fuisteis rescatados de vuestra vana manera de vivir . . . no con cosas corruptibles . . . sino con la sangre preciosa de Cristo*
Romanos 5:6-11 *mas Dios muestra su amor para con nosotros, en que, siendo aún pecadores, Cristo murió por nosotros . . . justificados en su sangre, por él seremos salvos*

Hebreos 9:14 ¿ cuánto más la sangre de Cristo, el cual mediante el Espíritu eterno se ofreció a sí mismo sin mancha a Dios, limpiará vuestras conciencias de obras muertas para que sirváis al Dios vivo?
10:10-22 santificados mediante la ofrenda del cuerpo de Jesucristo hecha una vez para siempre
Efesios 1:7 tenemos redención por su sangre, el perdón de pecados según la riqueza de su gracia
1 Juan 1:7 si andamos en luz, como él está en luz, tenemos comunión unos con otros, y la sangre de Jesucristo su Hijo nos limpia de todo pecado
Levítico 17:11 la vida de la carne en la sangre está, y yo os la he dado para hacer expiación sobre el altar por vuestras almas, y la misma sangre hará expiación de la persona
Hebreos 9:22 casi todo es purificado, según la ley, con sangre; y sin derramamiento de sangre no se hace remisión
Colosenses 1:13, 14 en quien tenemos redención por su sangre, el perdón de pecados
Apocalipsis 1:5 Jesucristo . . . nos amó, y nos lavó de nuestros pecados con su sangre
Juan 15:13 nadie tiene mayor amor que éste, que uno ponga su vida por sus amigos

CONTENIDO

NO. DEL TEMA

Adulterio, Fornicación 41A
Alabanzas, Las 89
Algunas Promesas de la Biblia 72
Algunas Pruebas que Somos de Dios 73
Algunos Mandamientos en el Nuevo Testamento 71
Amor de Dios, El 94
Amor, Prueba de un Discípulo, El 83
Ancianos (Pastores) en la Iglesia Local, Los 25
Autoridades, Las 92

Bautismo en Agua, El 7
Bautismo y la Plenitud del Espíritu Santo, El 8
Bebidas Alcohólicas, Las 50
Buscar a Dios, El 9

Cabeza de la Iglesia, La 62
Castigo Eterno de los Pecadores, El 68
Celibato, El 63
Cena del Señor, La 10
Comer Carne, El 59
Comunión de los Santos, La 24
Confiar en y Pedir a Otros Dioses, El 61
Conversación, La 79
Corazón del Hombre, El 42
Creación y el Deber del Hombre, La 2

Desaliento, El 34
Destino de los Bebés que Mueren, El 64
Deudas, Las 55
Día del Señor, El 58
Disciplina en la Iglesia, La 27
Divina Súplica de Dios para con el Hombre, La 5
Divinidad de Cristo, La 38
Divorcio (Abandono del Cónyuge), El 52
Dones del Espíritu Santo, Los 9

Egoísmo Absoluto del Hombre, El 43
Empleados y Patrones, Los 93
Enojo, El 47
Entierro de los Creyentes, El 70
Envidia, La 44
Estudio de la Palabra de Dios, El 1
Examinarse a Sí Mismo, El 77
Expiación por la Sangre de Cristo, La 100

Fe, La 82
Fe y las Obras, La 12

Gloria, La 69
Guardar la Ley, El 57

Hacer Caer al Hermano, El 56
Hechicería, La 51
Homosexualidad, La 41B
Honradez y el Cumplimiento, La 17
Humildad y Mansedumbre, La 18

Idolatría, La 40
Iglesia, La 22
Ir a Todo el Mundo, El 29

Juicio, El 67

Lengua, La 37
Lo que Dicen las Escrituras Acerca de Sí 41
Lucha Espiritual de los Santos, La 85
Llamamiento Celestial, El 91

Matrimonio, El 35
Mentira y el Engaño, La 48
Mirar Atrás, El 75
Muerte del Creyente, La 20
Muerte del Incrédulo, La 21
Mujeres en la Iglesia, Las 28

Nadie Puede Ocultarse de la Presencia de Dios 98
Niños en el Hogar, Los 36
Nuevo Nacimiento, El 6

Obediencia, La 80
Obediencia Inmediata, La 81
Obra del Espíritu Santo, La 96
Ofrendas en la Iglesia, Las 26
Orar por los Enfermos, El 88
Oración intercesora, La 87
Oración y el Ayuno, La 16

Pecado y sus Consecuencias, El 4
Peligro de las Riquezas, El 54
Perdonar, El 84
Pereza, La 49
Persona de Satanás, La 32
Placeres Mundanales, Los 53
Pleitos, Los 45
Poder de Dios, El 95
Purgatorio, El 65
Quebrantamiento Personal, El 90

Rebelión del Hombre, La 3
Responsabilidad Personal del Creyente Hacia
  los Perdidos, La 86

Sabatismo, El 39
Santidad, La 13
Señales que Precederán a la Venida de Cristo, Las 31
Separación de las Mundanalidades, La 14
Ser Fiel a la Sana Doctrina, El 74
Ser Fiel Hasta la Muerte, El 19
Ser Vigilante, El 76
Sufrimientos de Jesús, Los 99
Sufrir Persecución por Causa de Cristo, El 15

Tentación, La 33
Tradición, La 66

Unidad del Espíritu, La 23

Venganza, La 46
Venida del Señor, La 30
Vida del Verdadero Discípulo, La 11
Virgen María, La 60
Vivir en Paz con Todos, El 78

Estimado hermano en Cristo:

Saludos en el nombre de nuestro Señor Jesús.

ARM Prison Outreach International y la *American Bible Academy* (ABA) son proveedores de varios recursos para capellanes de cárceles y prisiones y los encarcelados incluyendo:

Biblias de la Sociedad Bíblica Americana
Tarjetas de felicitación de DaySpring
Cursos bíblicos por correspondencia
Seminarios dentro de las prisiones
Folletos para evangelizar
Bautisterios

La *American Bible Academy* (ABA) provee sin costo alguno cursos bíblicos por correspondencia compuestos de ocho libros de texto, cada uno de 120 páginas, editados e impresos profesionalmente. Estos cursos gratuitos están disponibles solamente a pedido de los encarcelados y sus cónyuges legales que tienen una dirección postal en los EUA o en uno de sus territorios (debido al alto costo del correo internacional). Además, www.abarc.org, nuestro sitio web, provee varios libros, cursillos y otros materiales cristianos en español o inglés que cualquier persona que tenga acceso a la internet puede descargar sin costo alguno.

Se invita a los capellanes y a los encarcelados que se pongan en contacto con nuestro ministerio:

ARM PRISON OUTREACH INTERNATIONAL
P. O. Box 1490
Joplin, MO 64802-1490
Tel.: (417) 781-9100   Fax: (417) 781-9532
Correo electrónico: info@arm.org
Sitios web: www.arm.org y www.abarc.org

www.ingramcontent.com/pod-product-compliance
Lightning Source LLC
Chambersburg PA
CBHW060203050426
42446CB00013B/2964